Elogios antecipados a ⊢ ⸻

"A vida cotidiana é cheia de situações que exigem a arte da persuasão. De negociar um aumento a vender um produto. De vencer um debate político a conseguir que seus filhos façam o dever de casa. Em todas as situações, você pode escolher como abordar a outra pessoa e qual linguagem usar. Lee Carter lhe dá um roteiro para que faça escolhas que o ajudarão a obter o que deseja. Por meio de exemplos do mundo real e pesquisas exaustivas, ela criou ferramentas simples que você pode utilizar para conquistar corações e mentes.

A comunicação eficaz começa com a habilidade de ter empatia profunda com seu público. Em *Persuasão*, Lee explica o que é empatia, por que ela é importante e como usá-la para elaborar mensagens persuasivas. Repleto de exemplos e estudos de caso, este livro oferece conceitos complexos e faz com que sejam de fácil compreensão e prontamente aplicáveis à vida cotidiana."

—Michael Maslansky, CEO da maslansky + partners
e autor de *Language of Trust*

"Não consigo pensar em uma época em que compreender a arte e a ciência da persuasão foi mais importante do que agora. Este livro é acadêmico em sua abordagem global. É prático na forma como o leitor pode e deve extrair benefícios de cada lição. Está tão cheio de visões essenciais que larguei o marca-texto depois do primeiro capítulo — todas as páginas estavam amarelas. Como eventual concorrente, eu não deveria admitir isto, mas o 'Plano de Persuasão' é tão crucial para a comunicação eficaz que planejo roubá-lo e usá-lo imediatamente com meus clientes."

—Dr. Frank I. Luntz, autor de *Words That Work*

"Como esta envolvente obra deixa claro, o que temos em comum com frequência tem mais poder do que as diferenças que nos dividem. Construir empatia e confiança em vez de tentar estar 'certo' proporciona um caminho rumo à mudança positiva — como indivíduos e para nossa cultura em geral."

— Scott Barry Kaufman, doutor, apresentador do *The Psychology Podcast* e autor de *Transcend*

"Não deixe o título enganá-lo — este livro trata tanto de ouvir quanto de falar. Lee Carter explica como você precisa começar ouvindo a pessoa se quiser que ela o ouça. Se quer saber como mudar a mentalidade de alguém, este livro prático o ajudará a ver que o principal ingrediente é, na verdade, a empatia."
— J. Stuart Ablon, doutor, professor associado na Faculdade de Medicina de Harvard e autor de *Changeable*

"Conforme Lee Carter corretamente aponta, ninguém hoje em dia pode se dar ao luxo de ser amador na persuasão. As reais conexões que nos sustentam e as aspirações que nos elevam estão em jogo. Felizmente, ela elaborou este astuto manual para uma abordagem de comunicação mais eficaz e bem mais humana."
— Matthew DiGirolamo, diretor oficial de comunicações da L'Oréal nos EUA

"No mundo da política, Lee enxerga o campo inteiro. Este livro o ensinará a contar sua história para causar o máximo de impacto."
— Mitchell M. Roschelle, sócio da PricewaterhouseCoopers

"Neste livro interessante, Lee nos dá um roteiro de como sair do abismo da empatia. Para quem anseia por encontrar o ponto de convergência em que a mudança significativa pode acontecer, esta é a obra certa."
— Sharon Callahan, CEO, TBWA\Worldhealth

"Em *Persuasão*, Lee Carter acrescenta ciência por trás da arte de persuadir. Ela dá instruções claras sobre como executar mudanças por meio da comunicação. Todo mundo, de CEOs a professores, de pais a pastores, achará este livro extremamente útil. Muitas das maiores empresas do mundo contratam Lee Carter para ajudá-las a se comunicarem de maneira eficaz. Em *Persuasão*, ela compartilha conosco seus melhores conselhos. Se você quer se comunicar de um jeito que leva à mudança, leia este livro e o aplique na prática."
—J. Josh Smith, pastor da Igreja Batista Prince Avenue e autor de *Preaching for a Verdict*

PERSUASÃO

SAIBA COMO TRANSMITIR
SUAS IDEIAS PARA QUE ELAS
SE TORNEM REALIDADES
PODEROSAS

PERSUASÃO

CONVENCENDO OS OUTROS QUANDO FATOS
PARECEM NÃO TER **IMPORTÂNCIA**

ALTA LIFE
EDITORA
Rio de Janeiro, 2020

LEE HARTLEY CARTER

Persuasão – Convencendo os outros quando fatos parecem não ter importância
Copyright © 2020 da Starlin Alta Editora e Consultoria Eireli. ISBN: 978-85-508-1506-0

Translated from original Persuasion. Copyright © 2019 by Lee Hartley Carter. ISBN 9780143133476. This translation is published and sold by permission of TarcherPerigee an imprint of Penguim Random House LLC. Publishers, the owner of all rights to publish and sell the same. PORTUGUESE language edition published by Starlin Alta Editora e Consultoria Eireli, Copyright © 2020 by Starlin Alta Editora e Consultoria Eireli.

Todos os direitos estão reservados e protegidos por Lei. Nenhuma parte deste livro, sem autorização prévia por escrito da editora, poderá ser reproduzida ou transmitida. A violação dos Direitos Autorais é crime estabelecido na Lei nº 9.610/98 e com punição de acordo com o artigo 184 do Código Penal.

A editora não se responsabiliza pelo conteúdo da obra, formulada exclusivamente pelo(s) autor(es).

Marcas Registradas: Todos os termos mencionados e reconhecidos como Marca Registrada e/ou Comercial são de responsabilidade de seus proprietários. A editora informa não estar associada a nenhum produto e/ou fornecedor apresentado no livro.

Impresso no Brasil — 1ª Edição, 2020 — Edição revisada conforme o Acordo Ortográfico da Língua Portuguesa de 2009.

Produção Editorial	**Produtor Editorial**	**Marketing Editorial**	**Editores de Aquisição**
Editora Alta Books	Illysabelle Trajano	Lívia Carvalho	José Rugeri
		marketing@altabooks.com.br	j.rugeri@altabooks.com.br
Gerência Editorial			Márcio Coelho
Anderson Vieira		**Coordenação de Eventos**	marcio.coelho@altabooks.com.br
		Viviane Paiva	
Gerência Comercial		eventos@altabooks.com.br	
Daniele Fonseca			

Equipe Editorial			**Equipe Design**
Adriano Barros	Maria de Lourdes Borges	Thales Silva	Ana Carla Fernandes
Ian Verçosa	Meira Santana	Thiê Alves	Larissa Lima
Juliana de Oliveira	Nathally Freitas		Paulo Gomes
Laryssa Gomes	Raquel Porto		Thais Dumit
Leandro Lacerda	Rodrigo Dutra		Thauan Gomes

Tradução	**Copidesque**	**Revisão Gramatical**	**Diagramação**
Maíra Meyer	Vivian Sbravatti	Jana Araujo	Luisa Maria Gomes
		Hellen Suzuki	

Publique seu livro com a Alta Books. Para mais informações envie um e-mail para autoria@altabooks.com.br

Obra disponível para venda corporativa e/ou personalizada. Para mais informações, fale com projetos@altabooks.com.br

Erratas e arquivos de apoio: No site da editora relatamos, com a devida correção, qualquer erro encontrado em nossos livros, bem como disponibilizamos arquivos de apoio se aplicáveis à obra em questão.
Acesse o site **www.altabooks.com.br** e procure pelo título do livro desejado para ter acesso às erratas, aos arquivos de apoio e/ou a outros conteúdos aplicáveis à obra.
Suporte Técnico: A obra é comercializada na forma em que está, sem direito a suporte técnico ou orientação pessoal/exclusiva ao leitor.
A editora não se responsabiliza pela manutenção, atualização e idioma dos sites referidos pelos autores nesta obra.
Ouvidoria: ouvidoria@altabooks.com.br

Dados Internacionais de Catalogação na Publicação (CIP) de acordo com ISBD

C323p   Carter, Lee Hartley
Persuasão: convencendo os outros quando fatos parecem não ter importância / Lee Hartley Carter ; traduzido por Maíra Meyer. - Rio de Janeiro : Alta Books, 2020.
256 p. : il. ; 14cm x 21cm.

Tradução de: Persuasion
Inclui índice e bibliografia.
ISBN: 978-85-508-1506-0

1. Autoajuda. 2. Comunicação. 3. Persuasão. I. Meyer, Maíra. II. Título.

2020-627   CDD 158.1
CDU 159.947

Elaborado por Odílio Hilario Moreira Junior - CRB-8/9949

Rua Viúva Cláudio, 291 — Bairro Industrial do Jacaré
CEP: 20.970-031 — Rio de Janeiro (RJ)
Tels.: (21) 3278-8069 / 3278-8419
www.altabooks.com.br — altabooks@altabooks.com.br
www.facebook.com/altabooks — www.instagram.com/altabooks

ASSOCIADO

À minha família, sem a qual nada é possível

E a D: você estava lá desde o início

Lee Carter é presidente da maslansky + partners, uma empresa de linguagem estratégica baseada na ideia única de que "não é o que você diz, é o que as pessoas ouvem"®. Lee controla um portfólio que inclui empresas da Fortune 100 e 500, bem como ONGs de destaque. Como personalidade de noticiários e pesquisadora, ela não recorre à sondagem tradicional para seus insights originais sobre a política norte-americana; pelo contrário, analisa as respostas emocionais dos eleitores, porque a reação é importante, mas o "porquê" por trás dela é mais importante. Foi esse método que lhe permitiu prever, com precisão, os resultados das prévias e da eleição presidencial de 2016.

AGRADECIMENTOS

Primeiro, agradeço à minha agente, Lucinda Blumenfeld. Você é uma porta-voz aguerrida, e qualquer um seria uma pessoa de sorte em tê-la por perto. Nicola, meu coach, de alguma forma você tornou fácil (bem, fácil talvez não, mas...) e acessível a árdua tarefa de escrever esta obra. Não sei como, mas você conseguiu. E, ao longo da trajetória, agradeço aos dois por ficarem amigos. Espero que este seja apenas o começo de nossa história.

Gratidão imensa à minha editora, Marian Lizzi, e a toda a equipe da TarcherPerigee por todo o tempo e atenção, por acreditarem no livro e me desafiarem a torná-lo melhor.

Obrigada, Michael Maslansky. Maz, você me deu uma oportunidade, e serei grata para sempre. Você acreditou em mim e me apoiou em minha carreira, e sem você eu não seria quem sou nem estaria onde estou.

Obrigada a meus colegas queridos, inspiradores e maravilhosos na maslansky. Vocês são o grupo de pessoas mais inteligentes que conheço. Keith, Larry, Katie, Justin, Clint, Catherine, Nicole, Ali e Sachi, obrigada por me ajudarem a saber exatamente o que fazer com estas histórias, por serem meus ouvintes quando precisei de uma segunda ou terceira opinião e por todo o apoio. Lee e Hana, obrigada por todo o trabalho louco investido, tanto tarde da noite quanto de manhã bem cedo, que tornou possíveis todos os testes. Abbey, Lindsay e Kris, obrigada pelo apoio moral e por ajudar a fazer tudo isso acontecer.

Obrigada a meus clientes. Vocês me dão a chance de saber mais sobre o mundo todos os dias. Vocês me ensinaram que é possível ter o melhor de tudo, mas, se não entendermos direito a mensagem, isso não importará. Eu me sinto sortuda todos os dias por ajudar a contar suas histórias.

Obrigada aos ex-colegas, que continuam uma família para mim — Phifer, Jenni, Jenn, viajamos pelo mundo com uma instalação para grupos de foco de cada vez, aprendemos tanto sobre o mundo e as pessoas e, por fim, sobre nós mesmos. Adoro ver vocês prosperando onde estão.

Obrigada às minhas mentoras Shero (oficiais e não oficiais, atuais e antigas) — Barb, Barri, Sharon, Claire, Olivia, Kathi, Marjorie, Liz, Lisa, KVB, Marina, Janet e Jessie: não acho que lhes agradeci o suficiente. Às vezes, por uma conversa rápida, outras vezes por longas trocas de confidências. De vez em quando fico imaginando que vocês sequer sabem que apenas observá-las conduzindo suas carreiras, a maternidade (ou a "maternidade" de pets) e suas vidas foi tão impactante. Dizem que, se você pode ver, você pode ser. Cada uma de vocês moldou um tipo de atitude que eu aprecio e aspiro ter. Cada uma de suas extraordinárias contribuições para o mundo tornou a mim e a um grande número de mulheres melhores.

Obrigada, Frank. Sei que você não sabe o quanto aprendi com você, mas prestei atenção. Aprendi. E sou muito, muito abençoada por você e pela amizade que agora temos.

Obrigada a meus colegas da Fox News. Vocês me deram um programa quando eu era um ponto fora da curva e uma chance quando não tinha nenhuma experiência na TV. Em grupo, passamos por alguns dos momentos mais loucos desde de 2015, mas conseguimos um lugar na primeira fila para o *Persuasão* em ação, e, se não fosse pelas oportunidades que vocês me deram, eu poderia tê-lo perdido. Lauren, Lauren, Lee, Amy, Kelly May, Gavin, Ainsley, Steve, Brian e a toda a equipe atual e antiga do *Fox and Friends*, obrigada a todos pelas horas sem fim, pelo sangue, suor e lágrimas (e, às vezes, gargalhadas) derramados para criar o Pulse of

AGRADECIMENTOS

the People. Obrigada a Brandalyn, Giselle, Javier e a toda a equipe de cabelo e maquiagem por me tornarem uma versão melhor de mim mesma, e por provarem o que minha GiGi me ensinou — que um pouco de pó e cor tornam uma mulher um esplendor.

Obrigada a meus colegas da Fox Business. Maria e Dagen, sentar-me ao lado de vocês toda segunda-feira de manhã é um sonho realizado. Vocês são os melhores do ramo. Vão além do trabalho duro e são incrivelmente generosos. E, Mitch, você também não é nada mau... Gary, obrigada por todo o apoio e insights para lá de precisos. E, Tami, onde estaríamos sem você?

Às minhas meninas — Vick, Kris, Sha, Marcy, Jess, Jackie, Susan, Jen, Trish, Alex e Jill — agradeço a cada uma por serem as melhores amigas que uma garota poderia desejar.

Obrigada à minha família. Sem dúvida, não compartilhamos as mesmas opiniões e perspectivas, mas aprendi com vocês e ouvi a todos. Por causa de vocês, aprendi a parte mais essencial da persuasão — empatia, compreensão e respeito. Amo-os mais do que palavras podem dizer.

Obrigada, Jackson, Jamie, Morgan, Timothy, Andrew, Patrick e à bebê M — a próxima geração — por serem únicos e incríveis. Sou abençoada demais por ter cada um de vocês em minha vida. Se quiser ver mudança real e significativa, reserve um tempo para compreender aqueles de quem você discorda. Fará toda a diferença. Só sei que cada um de vocês foi feito para ser um agente de mudança à sua própria e especial maneira.

Obrigada, mamãe, Bobbeee, vovó, vovô, tia Franny, Joe, Dulce, tio Fred, tia Sherry, Andrea, Josh e papai. Vocês apoiaram meus sonhos, meus caprichos e minhas paixões. Vocês viram o melhor em mim. E me deram o presente mais importante que tenho — minha fé. Sou abençoada além da conta por ter seu amor e apoio em minha vida.

Obrigada, John. Você é o melhor irmão mais velho que eu poderia querer. E você foi o primeiro a me dar um toque. Se não o tivesse feito, acredito que este livro não teria acontecido.

PERSUASÃO

Obrigada a meu marido, Drew. Você esteve presente desde o início desta jornada. E, embora eu saiba com certeza que nós nem sempre concordamos, aprendi com você (mesmo que eu nem sempre diga no momento). Agora, estamos no ano dos filhos — um de carne e osso e um impresso. Foi um divisor de águas para nós. Obrigada por me lembrar, quando as coisas ficavam difíceis, de que tudo o que preciso fazer está no Êxodo 14:14: "Acalmai-vos." Orações foram atendidas, e como somos abençoados! Eu não esperaria outra coisa.

Por fim, em notícias de última hora, a Madeleine. Você mudou tudo para melhor. Preciso encontrar um vocabulário totalmente novo para descrever como você é incrível e o amor que sinto por você. Você é a prova de que os sonhos se tornam realidade, sim, e às vezes eles são ainda melhores do que se poderia ter imaginado. Você é perfeita exatamente como é. Sou muito abençoada por ser sua mãe. "De um modo tão admirável e maravilhoso fui formado." — Salmo 139:14.

SUMÁRIO

Introdução: Quando Fatos Não Importam..1

PARTE 1: VOCÊ
Capítulo 1: Atreva-se a Ver Além de Seus Limites.........................15
Capítulo 2: Sendo Sincero Consigo Mesmo................................... 37

PARTE 2: ELES
Capítulo 3: Persuasão Começa com Empatia...............................59
Capítulo 4: Ouvindo os Haters...83

PARTE 3: CONEXÃO
Capítulo 5: Seus Três Pilares.. 109
Capítulo 6: Sua Narrativa-mestra...133

PARTE 4: HISTÓRIA
Capítulo 7: Torne a Linguagem Visual..157
Capítulo 8: Percepção das Palavras...171

PARTE 5: APROPRIAÇÃO

Capítulo 9: Persuasão em Treinamento..189

Capítulo 10: O Grande Teste: Persuasão em Crise........................201

Apêndice: Exercícios do Plano de Persuasão..217
Fontes 235
Índice..237

INTRODUÇÃO

QUANDO FATOS NÃO IMPORTAM

Hoje, nos noticiários e nas mídias sociais, lamenta-se muito que "fatos não importam mais". Com isso, as pessoas querem dizer que, em um mundo onde temos uma "verdade alternativa" e "meias-verdades", e inverdades consistentes sendo disseminadas, fatos não têm mais o poder de mudar mentalidades. Mas preciso deixar você a par de um segredo da indústria: eles nunca tiveram.

Em 1972, *depois* que notícias da invasão ao Watergate renderam manchetes, Richard Nixon ainda ganhou de lavada a reeleição, porque os fatos à época estavam abertos à interpretação. Apenas três anos depois, pesquisadores da Stanford fizeram o primeiro estudo provando que as pessoas se apegam a suas opiniões irracionais, mesmo diante da evidência irrefutável de que estão enganadas.[*] As centenas de estudos que se seguiram provam que as pessoas realmente se recusam a ceder quando apresentadas a fatos que contradizem suas crenças. Se você quer mudar mentalidades, fatos por si sós nunca foram o bastante.

Os motivos estão na ciência comportamental. Em termos biológicos, nossos cérebros não estão programados para procurar fatos. Em vez disso, rápida e automaticamente, processamos opiniões com

---

[*] Lee Ross, Mark R. Lepper e Michael Hubbard, "Perseverance in Self-Perception and Social Perception: Biased Attributional Processes in the Debriefing Paradigm", *Journal of Personality and Social Psychology* 32, no. 5 (dez. de 1975): 880–92.

que concordamos *como se* elas fossem fatos. No estudo "That's My Truth: Evidence for Involuntary Opinion Confirmation" ["Esta É a Minha Verdade: Evidências para Confirmação Involuntária de Opinião", em tradução livre]*, os pesquisadores Michael Gilead, Moran Sela e Anat Maril demonstraram não apenas que nossas opiniões são resistentes a mudanças, mas que, na verdade, *involuntariamente* rejeitamos fatos que as contradizem.

Para piorar, todos os humanos sofrem de viés da confirmação. Buscamos informações que confirmem nossas opiniões. E escolhemos a dedo os fatos que corroboram nossos pontos de vista. Esta tirinha realmente vai ao cerne da questão.

Nosso desejo de confirmar nossas crenças também nos leva a minimizar ou ignorar dados que não se encaixem em nossa visão de mundo favorita. Podemos dispensar rapidamente informações factuais que não estejam de acordo com nossa cosmovisão, rotulando os novos fatos como algo errôneo ou limitado. Dito de outra forma (vergonhosamente roubando de um ex-colega): quando confrontados com fatos que não se encaixam em nossa moldura, jogamos fora os fatos e ficamos com a moldura (o que é mais fácil e menos ameaçador ao ego do que adquirir outra moldura).

---

* Michael Gilead, Moran Sela e Anat Maril, "That's My Truth: Evidence for Involuntary Opinion Confirmation", *Social Psychological and Personality Science* (abr. de 2018): doi: 10.1177/1948550618762300.

Mas as pessoas não apenas rejeitam uma evidência que desafie as próprias crenças, elas vão mais além. Estudos sobre o efeito backfire, citado com bastante frequência, demonstram que, quando rejeitam evidências de que não gostam, o apoio que dão à sua posição original fica mais forte. Em "Why Facts Don't Change Our Minds" ["Por que Não Mudamos de Ideia perante os Fatos", em tradução livre],* Elizabeth Kolbert escreve que cientistas deduziram que a alardeada capacidade humana de argumentar pode ter mais a ver com vencer discussões do que com pensar direito: "Parece que não ajuda fornecer informações confiáveis às pessoas; elas simplesmente as descartam."

Talvez você fique sem esperança ao ler tudo isso. Não fique. Tudo isso nos diz que fatos por si sós não nos libertarão. Eles não contarão nossa história. E não mudarão corações e mentes. Tomar decisões raramente é um processo racional. Se você quer estabelecer uma conexão verdadeira com os outros e modificar a maneira como pensam, se comportam, compram ou votam, precisa se envolver em um processo que vai muito além de atacá-los com estatística ou resultados de estudos.

Este livro é sobre persuadir pessoas a mudar de ideia. Não é sobre atrair seus iguais ou pregar para convertidos. É sobre interagir com alguém que ainda não o conhece, não concorda ou, às vezes, nem sequer gosta de você. É sobre o difícil desafio de suplantar o instinto humano de seus ouvintes para se ater à atual situação deles. É sobre dar às pessoas um motivo para escutar e, então, fornecer-lhes a informação certa do jeito certo, a fim de que possam alterar o próprio ponto de vista atual.

Todo sucesso, na vida e nos negócios, baseia-se na habilidade de persuadir. Simplificando, você pode ter o melhor produto, o melhor plano, a melhor estratégia, mas, se não estiver contando

---

* Elizabeth Kolbert, "Why Facts Don't Change Our Minds", *The New Yorker*, 27 fev. de 2017; https://www.newyorker.com/magazine/2017/02/27/why-facts-dont-change-our-minds.

sua história de maneira que conecte e sintonize seus ouvintes, nada disso importa. Você não convencerá pessoas a escolher sua empresa ou seguir seu exemplo.

A pergunta que faço a você — e, com frequência, a meus clientes — é: o que é mais importante? Ter uma boa história para contar ou contar bem sua história? A maioria das pessoas dirá imediatamente que ter uma boa história para contar é muito mais importante. Elas dirão que o que importa é ser uma boa empresa, ter um bom produto, fazer um bom trabalho. Concordo que essas coisas são importantes. Mas são o bastante? Será que o melhor produto sempre vence no mercado? Será que a melhor estratégia sempre funciona na prática? A maneira como você conta sua história é tão importante quanto ter essa boa história para contar. Meu trabalho e o da minha companhia é garantir que empresas, matérias e pessoas que tenham uma questão importante para comunicar sejam capazes de contar a própria história do melhor jeito possível. É disso que trata a persuasão.

Na noite das eleições de 2016 eu não estava em casa como milhões de norte-americanos, grudados na TV, esperando para ver se suas maiores esperanças ou medos mais profundos se revelariam. Em vez disso, estava toda penteada e maquiada, sentada em frente às câmeras na Fox News. Porque, embora todas as pesquisas da rede sugerissem que Hillary Clinton seria nossa primeira presidente mulher, os âncoras e espectadores queriam saber se havia uma chance de a previsão dos *meus* 18 meses de pesquisa estar correta: que Trump assumiria a Casa Branca.

Independentemente de como você se sinta em relação a esse comunicado, independentemente de você querer que eu estivesse certa ou de *eu* querer estar certa, o fato é que eu estava. E eu era o ponto fora da curva.

Como fui capaz de prever isso quando mulheres em todo o país estavam usando branco-sufragista em suas seções eleitorais e Stephen Colbert tinha filas de dançarinos sem camisa? Porque eu sabia, com base em meus anos de experiência no ramo da linguagem persuasiva, que Donald J. Trump fizera exatamente o que era preciso para conseguir o que queria — e a ministra Clinton, não. Estudos pós-eleições confirmaram. Ele venceu não por conta da baixa afluência às urnas entre os Democratas, mas porque um em cada quatro democratas brancos do sexo masculino que votaram em Barack Obama trocou de partido. Ele venceu porque dominou a persuasão.

Antes da eleição, a MSNBC, a CNN e a Fox transmitiram a pesquisa de minha empresa em praticamente todo discurso importante, debate e propaganda ao longo do processo eleitoral. O que ficou claro foi que Trump era perspicaz porque compreendeu, de maneira visceral, a arte da persuasão.

É importante reconhecer que olhar em retrospecto para a disputa de 2016 desperta emoções. Não importa em que lado da política esteja, você achará difícil olhar com objetividade para o que aconteceu na eleição e por quê. E, por todos os motivos que acabei de destacar, é difícil para qualquer um que não apoiou Trump aceitar quaisquer dados que argumentem que ele fez um bom trabalho.

Também não há nada mais frustrante que ficar assistindo nos bastidores enquanto alguém que você apoia falha em apresentar argumentos eficazes para algo em que você acredita — seja um candidato que perde, uma iniciativa local que fracassa ou um texto legislativo que você queria que tivesse mais apoio. Alguma vez já fechou o jornal ou desligou o noticiário, cheio de frustração, e disse: "É tão simples! Por que não conseguem vender melhor [assistência médica universal/reforma climática/reforma imigratória/ciclovias]?!"

É igualmente importante destacar que, quando falo sobre o que funcionou para Donald Trump, foco a maneira como ele contou sua história ao público. Na minha opinião, seus tuítes e inverdades comprovadas nunca foram a chave para seu sucesso. E minha abordagem à persuasão se baseia em contar a melhor versão de sua história real — fundamentada em fatos verdadeiros e informações precisas.

Porém, deixando a emoção fora da história e examinando-a como sociolinguistas e cientistas da linguagem, peço que pense no que fez da candidatura de Trump um sucesso. Trump conseguiu envolver milhões de eleitores porque entendeu o que uma parcela significativa do público queria ouvir. Ele sabia como seus eleitores-alvo se sentiam. Ele sabia o que era importante para eles. E descobriu o jeito mais eficaz de atrai-los: elaborou uma narrativa-mestra simples e clara que seus ouvintes poderiam lembrar e repetir. Ela se apoiava em três pilares narrativos, estratégias que todos poderíamos lembrar e repetir. Quer o ame ou o odeie, você sabia exatamente o que a campanha dele defendia.

Nos últimos 25 anos, a maslansky + partners esteve na vanguarda do estudo de como palavras, mensagens e histórias que as marcas escolhem determinam seu lugar no mercado. Porque não há nada mais frustrante do que ver um grupo brilhante de pessoas que dedicou anos a criar algo para ajudar seus consumidores ser incapaz de persuadir qualquer um a experimentar o que quer que seja. Com frequência, elas passam por dificuldades porque têm recorrido a fatos por si sós para contar sua história, ou têm esperança de que apenas ter feito o melhor produto será suficiente.

Não é.

Portanto, minha função é reconhecer, decodificar e criar linguagem impactante para empresas, de Visa a PepsiCo, de ExxonMobil a Starbucks, a fim de garantir seu sucesso. O trabalho de minha companhia ganhou vários prêmios, mas, ainda mais importante para mim, conseguimos ajudar algumas das melhores empresas do mundo a comunicar alguns de seus principais desafios. E, embora fatos por si sós não tenham importância, sinto orgulho por ajudar clientes a encontrar o jeito certo de apresentá-los, moldá-los, priorizá-los e comunicá-los, a fim de que possam atingir seus objetivos. E, no fim das contas, é disso que trata a persuasão — ter as ferramentas de que precisa para ser ouvido.

Muito antes de ser presidente de uma empresa de comunicações, eu era fascinada pela linguagem. Lembro-me de perceber, no ensino médio, que não existia de fato a sinonímia perfeita. Eu costumava torturar minha família e convidados durante o jantar perguntando-lhes qual era a diferença entre um geek, um nerd e um CDF. Para mim ficou claro que, embora essas palavras pudessem ser usadas de maneira intercambiável, cada termo na verdade descreve um conjunto distinto de traços e esboça algumas imagens bem diferentes em nossa imaginação.

Foi essa habilidade de analisar as distinções que fazemos automaticamente que ajudou nossa empresa a dar uma marca registrada ao VIA, o café instantâneo da Starbucks. Quando estavam aprontando o VIA para ser lançado, ele não estava emplacando como a empresa esperara. A gerência veio até nossa companhia para descobrir o porquê. Da perspectiva deles, estavam oferecendo a seus clientes um acesso ainda maior e comodidade. Porém, quando olhamos para o produto da perspectiva do consumidor, percebemos que as palavras *café instantâneo* invocavam exatamente o que as pessoas *evitavam* ao gastar dinheiro na Starbucks. Então, nós o reformulamos como "VIA ready brew: Starbucks in an instant" ["VIA ready brew: Starbucks em um instante", em tradução livre]. Após mudarmos as palavras, os consumidores não se lembravam mais do café instantâneo de suas infâncias; em vez disso, passaram a se imaginar pegando seu café na Starbucks com rapidez e facilidade. Hoje, ele é aclamado como um dos lançamentos de maior sucesso em bens de consumo embalados e é ensinado como parte de um estudo de caso na Harvard Business School.

PERSUASÃO

Dominar a habilidade da persuasão é vital para todo mundo. Enquanto presumo que você está lendo este livro porque quer persuadir consumidores para seus produtos, ou seus colegas, ou seu chefe, você tem outros papéis e identidades fora do escritório em que essas habilidades também entram em cena. Pense em uma questão política que seja importante para você, ou em arriscar uma reforma em casa com um parceiro, ou conseguir que uma criança faça qualquer coisa que não queira fazer, e me diga que a persuasão acaba quando você sai do trabalho. Ao pensar nisso, você perceberá que a usa todos os dias — provavelmente, várias vezes por dia.

Por esse motivo, incluirei exemplos do mundo corporativo, do mundo político e até do meu mundo pessoal. Porque, independentemente de estar tentando transferir responsabilidades no seu lar, tirar um projeto do papel no trabalho, fazer seus filhos terem mais iniciativa nos estudos ou conseguir que sua sogra não dê palpite nas escolhas de sua vida, a base de tudo isso é a persuasão.

Seja qual for a história particular que você esteja preparando para contar, eu dividirei os nove passos essenciais que você precisa dar para conseguir o que quer, com uma lista de exercícios na seção final para que você consiga elaborar seu próprio Plano de Persuasão nestas mesmas páginas.

Começamos na Parte 1 conosco, nosso propósito, nosso objetivo, certificando-nos de sermos audaciosos no pensamento, mas relativamente vulneráveis em nossa autoavaliação. Essas duas qualidades são o fundamento da persuasão.

Então, na Parte 2, você aprenderá que, para estabelecer uma conexão de sucesso com seu público-alvo, você não pode conhecê-lo superficialmente como grupo ou categoria — por exemplo, mulheres com menos de 50 anos; pessoas da geração Y; o conselho escolar da cidade. Você precisa gastar tempo fazendo uma avaliação profunda e honesta daqueles com quem está *realmente* conversando como seres humanos — suas esperanças, sonhos e medos — e, depois, encontrar uma conexão empática com eles.

Não muito tempo atrás, o papel dos marqueteiros, divulgadores e políticos era se apaixonar pelo público-alvo. Investíamos tempo aprendendo sobre nossos clientes. O que faziam ao acordar. Que tipo de café bebiam (ou não bebiam). Por meio de pesquisas de mercado, sabíamos tudo sobre eles e adorávamos tudo o que descobríamos. Avance para hoje. Sabemos mais sobre nossos clientes do que nunca antes e os amamos menos. Na verdade, sendo honesto consigo mesmo — você sequer *gosta* deles?

Parece que, quanto mais dados temos, menos íntimos nos tornamos. Como alguém que explora e analisa esses dados, posso dizer que esse é um problema imenso. Com frequência, damos a nossos clientes informações sobre as preferências de seus potenciais fregueses, mas chegamos a um impasse porque descobrimos que não podemos fazê-los *se importarem*. Persuadir alguém a lhe dar o que você quer começa ao conhecer intimamente essa pessoa e *se importar* com quem ela é e com o que precisa.

Isso não acaba no marketing. Pense nas pessoas de quem você discorda. Você tenta compreendê-las primeiro ou, ao contrário, tenta mudá-las?

Estamos em uma crise de empatia. Quer você esteja tentando persuadir alguém a trocar de detergente ou de partido político, é vital ter empatia com seus ouvintes, compartilhar e entender os sentimentos deles. Em vez disso, hoje em dia temos repulsa para dar e vender. Em nenhum lugar isso é mais visível do que na política. A retórica de todos os partidos é de julgamento, e aí vem a mídia social botar lenha na fogueira.

Em termos culturais, somos mais capazes do que nunca de nos autoidentificar. Antigamente, se você queria assistir ao noticiário, havia três canais e eles contavam praticamente a mesma história. Nos últimos 20 anos, desde o advento da CNN, isso mudou. Você pode escolher as notícias às quais quer assistir, feitas sob medida para você. Porém, se sou conservadora e estou assistindo somente à

PERSUASÃO

Fox News, estou apenas sendo alimentada com o que quero ouvir. Pessoalmente, sendo uma pessoa com um histórico conservador, assisto a canais liberais e leio jornais com perspectivas opostas, porque quero entender o pensamento de pessoas que têm outros pontos de vista, mas isso não é o que a maioria faz. Se é politizado, há chances de que suas únicas conversas sobre política sejam com pessoas que concordam com você. No Facebook, só fala com gente como você. No Twitter, segue pessoas de quem você quer ter notícias. Mesmo no mundo real conseguimos ajustar nosso bairro e escolas para ficarmos em nossas bolhas.

Porém, se conversamos apenas com gente que é exatamente como nós, pensamos que todo mundo concorda conosco. A despeito das mídias sociais, que deveriam nos dar a chance de nos conectar com pessoas no mundo todo, de uma infinidade de vivências diferentes, estudos mostram que nos últimos 30 anos nos tornamos *mais* retraídos. Há estudos que afirmam que pais e mães de todos os partidos ficariam mais incomodados se seus filhos se casassem com alguém de uma filiação política diferente do que com uma pessoa de etnia ou religião diferente. Mesmo pensando que é ótimo as pessoas não darem mais tanta importância a casamento entre etnias ou religiões — é sério? Para todas as conversas dizendo que temos mente aberta, só temos mente aberta de fato aos que concordam conosco.

Portanto, desaceleraremos no Capítulo 3 para aprender o que denominei *empatia ativa*, uma nova abordagem à empatia que tem como base as ciências sociais, a neurociência e pesquisas biológicas, a fim de ajudá-lo a colocar a empatia em prática e manter corações e ouvidos abertos.

Isso é crucial, porque com frequência as pessoas confundem persuasão com manipulação. Entendo. Ambas estão tentando impactar ou modificar o comportamento de outro ser humano. Mas a manipulação é nefasta. A persuasão, não. A manipulação é fugaz. Você consegue fazer uma pessoa comprar um produto ruim uma vez só. A persuasão gera uma relação duradoura com base em integridade e arraigada na empatia. O conceito começa com: como consigo o que quero? Mas, para ser eficaz, ele tem que se transformar em: como posso proporcionar o que eles *precisam*? O diálogo persuasivo começa com *eles*, seus ouvintes. Todos conhecemos a sensação de alguém falando *de* nós em vez de *conosco*: um anúncio que lhe diz que agora seu produto vem com uma coisa que você nunca quis, assistir a uma palestra na qual você sente que nenhuma das suas questões está sendo abordada, ou ir a um encontro em que a outra pessoa não pergunta nada sobre você. Por outro lado, pense naqueles momentos em que você realmente se conectou com uma marca, uma palestra, um encontro; meu palpite é que isso aconteceu porque quem quer que estivesse lhe fazendo uma oferta fez *você* se sentir compreendido.

Nas Partes 3 e 4, dividirei os componentes detalhados da linguagem estratégica — autenticidade, narrativa-mestra, evidências, linguagem visual e storytelling —, a fim de que você consiga elaborar a própria estratégia e usá-la com segurança.

Depois, na Parte 5, eu o munirei das habilidades de que você precisa para ir até o fim, para que saiba de fato o que está falando e o incorpore, em meio a qualquer tormenta que encontrar.

Em uma época em que a voz da autoridade dominava, fosse ela do jornal da noite ou de um selo de aprovação de uma agência consumidora, a comunicação podia ser acadêmica e, ainda assim, eficaz. Você podia divulgar um anúncio e as pessoas investiam na promessa. Mas hoje, com todas as opiniões vindas de fontes diversas e versões alternativas disponíveis para qualquer um com um navegador, você precisa se envolver com o lado emocional da persuasão para atingir seu público-alvo.

A era da sutileza acabou.

Antes, a comunicação embasava a marca; agora, a comunicação *é* a marca. Antes, o candidato vendia uma história; agora, a história vende o candidato. Antes, seu currículo o posicionava; agora, sua posição ofusca seu currículo. Essas regras definirão não apenas as próximas décadas na política, mas também quais empresas sobreviverão e prosperarão. Isso também vai impactar nossas vidas pessoais e determinar se damos continuidade à nossa trajetória tribalista congregacional somente com gente que concorda conosco ou se somos capazes de nos unir e aprender uns com os outros.

Uma vez que tiver dominado os passos simples de meu processo de persuasão, você estará no caminho para conseguir persuadir qualquer situação ou pessoa: aprovação de orçamento; uma contratação; a compra de seu produto; que retornem sua ligação — ou mesmo que votem em seu presidente.

PARTE 1

VOCÊ

1

ATREVA-SE A VER ALÉM DE SEUS LIMITES

> Visão sem ação não passa de um sonho. Ação sem visão é mero passatempo. Visão com ação pode mudar o mundo.
>
> –JOEL BARKER

Este é um livro sobre comunicação eficaz. Sim, vou lhe ensinar como transmitir suas ideias para que elas se tornem realidades poderosas, mas, antes de chegarmos lá, queremos ter certeza de que as ideias que está tentando transmitir são as certas. As melhores. As maiores.

Para persuadir, primeiro é preciso saber exatamente o que se quer realizar. O que quer *de fato* realizar, não o que você foi levado a acreditar que é viável ou facilmente atingível. Não o que os outros querem para você, e sim sua visão para você mesmo, para sua empresa ou organização na qual é voluntário, relacionada às questões que mais lhe importam.

Quando me sento com um cliente para dar início a algum projeto, uma das primeiras coisas que pergunto é: "O que você espera alcançar?" Com frequência, as pessoas nos darão objetivos genéricos, assim como fariam em um plano de negócios. Gosto de especificar. Gosto de saber *exatamente* o que elas acham que é o sucesso. Porque, muitas vezes, sabemos em termos gerais o que precisamos alcançar, mas, no que concerne à persuasão, não é o bastante dizer apenas: "Quero ser mais popular." Com quem? "Queremos uma fatia de mercado maior." Em qual mercado, com qual produto? "Quero uma promoção." Para qual cargo, ganhando quanto mais? "Queremos mais pessoas impedindo a mudança climática." Fazendo o quê? Para quando? A persuasão depende de especificidade. Quero todos os detalhes. Gosto de conseguir imaginar a aparência *exata* do sucesso.

No mundo das redes sociais, popularidade ou notoriedade estão facilmente disponíveis — mas e se for uma base de consumidores que, na verdade, não precise de seu produto ou não possa comprá-lo? Você poderia obter uma fatia de mercado com um produto cuja fabricação não é rentável. E quantas pessoas hoje em dia recebem promoções a cargos novos que não vêm acompanhados de aumento salarial? Estes são apenas alguns exemplos, mas quero que você entenda agora mesmo por que ter clareza quanto aos objetivos — que vão além de ser "curtido"— é tão vital.

ESPECIFICIDADE

Primeiro, saiba que ser capaz de responder a essas questões leva tempo. Não é algo que resolvemos para um cliente em uma única sessão. É preciso pensar. É preciso refletir. É preciso especificar. Por não conseguir ser específico, é provável que você não saiba o que precisa fazer, sua equipe não saberá aonde você está indo, e você não reconhecerá o sucesso ao vê-lo. Sem ser específico, você provavelmente falhará.

Quando eu tinha acabado de sair da faculdade, meu amigo Glenn e eu estávamos bebendo e ele me perguntou o que eu sonhava para o futuro. Respondi pela metade: "Bem, sabe, ter um emprego do qual eu goste. Um marido a quem ame. Com sorte, uma família." Ele me olhou erguendo uma das sobrancelhas e tomou outro gole da bebida. Então, me disse: "Lee, isso não é um sonho. Um sonho é específico. Um sonho é visual. Quando pergunto 'Qual é seu sonho?', quero que você consiga descrever uma imagem exata daquilo que deseja." Suspirei, olhei para minha bebida e pensei: *Cara, isso assusta. E se eu for específica e depois não conseguir realizá-lo? E se eu disser em voz alta e parecer uma idiota?* Torci o nariz e tentei mudar de assunto.

Glenn pôs a bebida na mesa, me olhou bem nos olhos e disse: "Vou contar meu sonho para você. Daqui a 15 anos estarei em um barco pescando com meus amigos, chegando a meu cais, ouvindo Bob Seger. Haverá vento em meus cabelos. Terei fisgado três peixes grandes. E minha esposa e minha filha estarão no cais esperando por mim. Será um sábado épico. E eu saberei, apenas saberei, que consegui." Ele disse isso com total confiança e nenhum tom de ironia. Adivinhe quem agora tem um barco que atraca no ancoradouro do cais enquanto ouve "Hollywood Nights", de Bob Seger? Glenn.

Pensei naquela noite muitas vezes no decorrer dos anos. Por fim, usando o procedimento que estou prestes a resumir para você, determinei e atingi grandes objetivos em minha carreira. Contudo, o medo de fazer o mesmo em minha vida pessoal era frequente. No último fim de semana, fiquei sabendo que muitos dos meus amigos tinham o problema oposto. Mas, qualquer que seja o caso, sua vida profissional ou pessoal, definir esses objetivos é o primeiro passo para conseguir o que quer.

ALÉM DA POPULARIDADE

Recentemente, começamos a trabalhar com uma importante empresa farmacêutica. Talvez você não se surpreenda com o fato de que, desde o último ciclo de eleições, as empresas farmacêuticas estão sofrendo de uma crise de reputação relacionada ao preço dos remédios. E, embora haja bons motivos implícitos para o aumento do custo, alguns maus atores do ramo tornaram a indústria farmacêutica a garota-propaganda do excesso (obrigada, Martin Shkreli). Quando gerenciávamos grupos de foco, pessoas nos contaram que viam *todas* as empresas farmacêuticas como "gananciosas, cobrando muito mais por medicamentos que lhes custam centavos para fabricar e se aproveitando da desgraça alheia". E meus clientes — muitos dos quais decidiram trabalhar no ramo porque acreditavam que poderiam fazer uma bela diferença encontrando curas e desenvolvendo medicamentos que melhoram a qualidade de vida — ficaram chocados com o que ouviram. Eles realmente pensavam que eram os mocinhos — nas linhas de frente tentando curar doenças e salvar vidas —, enquanto as outras empresas eram o bandido. Apenas precisavam mostrar a diferença.

Porém, se realmente queriam reconstruir uma relação positiva com o consumidor, a solução não era apenas apontar quem era bom e quem era ruim. Tínhamos que encontrar um jeito de contar as histórias de inovação e curas que poderiam ajudar os consumidores a enxergar o que a empresa já sabia internamente. Para ter sucesso, a gerência corporativa não podia apenas dizer: "Queremos ser mais bem vistos." Eles precisavam saber *exatamente como* queriam ser vistos — como deveria ser a imagem deles. Então, trabalhamos para tentar entender o que faria uma real diferença. Para isso, tivemos que chegar à pergunta por trás da pergunta. Por que norte-americanos desconfiam tanto das empresas farmacêuticas? Depois que fizemos a pesquisa, o resultado foi uma resposta surpreendentemente simples. As pessoas não têm a menor ideia do que empresas farmacêuticas realmente fazem. Apenas pensavam que tinham.

Nossos dados revelaram que consumidores pensam que farmacêuticas fabricam as próprias pílulas e as vendem com uma imensa margem de lucro. Eles não levam em conta estudos clínicos ou pesquisas. Não consideram os cientistas envolvidos. Não consideram nenhuma das outras coisas que aumentam o custo dos medicamentos. Porque, em nossa cultura, outros levam o crédito por toda a pesquisa e o progresso das empresas farmacêuticas: instituições de caridade e acadêmicas se tornaram a cara da luta pela cura. Qual é a primeira coisa que você faz quando um de seus entes queridos tem câncer ou qualquer outra doença? Provavelmente isto: vai angariar fundos. Faz caminhada, anda de bicicleta ou corre pela cura. Faz doações a instituições de caridade. A última coisa em que pensa é *Melhor eu escrever aos CEOs da Pfizer, Merck e Novartis para ver quais medicamentos elas têm no pipeline.* É aí que está o problema.

Para virar o jogo, tivemos que persuadir consumidores influentes de que empresas farmacêuticas são mais que fabricantes de medicamentos. Que elas estão em busca de curas todo santo dia — para os casos clínicos mais graves e para as doenças comuns.

Portanto, não tinha a ver com ser "curtido". Ser gostado teria nos levado a uma tangente improdutiva. Tinha a ver com persuadir consumidores sobre a intenção da empresa farmacêutica em *ajudá-los*. Esse foi um caso que poderia ser resolvido com as ferramentas que lhe fornecerei nas partes três e quatro. Lançar uma campanha enfatizando a pesquisa e o progresso aumentou as vendas deles, melhorou o preço das ações e levantou o dinheiro para desenvolver a próxima medicação a fim de ajudar as pessoas, o que, no que concerne à preocupação dessa empresa, era só do que se tratava.

PENSANDO ALÉM DAS OPÇÕES À SUA FRENTE

Quando eu era criança, sempre brincava de vender. Enquanto outras meninas colocavam um cobertor em cima da mesa transformando-a em uma casa, eu a transformava em uma sorveteria, um correio ou um banco. Não importava o que estava vendendo; o que me agradava era fornecer um serviço imaginário, receber dinheiro de brinquedo dos amigos e colocá-lo em minha caixa registradora da Fisher-Price.

Porém, em 2005, eu tinha quase 30 anos e não estava feliz em meu emprego no setor de seguros. Nada do que estava vivendo ou fazendo parecia a escolha certa para mim em termos pessoais, muito embora todo mundo ao meu redor me dissesse que eu já havia rompido o paradigma. Fui a primeira mulher da família a cursar faculdade e focar a construção de uma carreira.

Mas minha vida era o resultado exato do tipo de sonho vago sobre o qual meu amigo me alertara. Eu quis uma carreira. E tinha uma — em um ramo pelo qual não era apaixonada. Eu quis independência. Acredito que, na verdade, quis dizer independência financeira, porém, por não ter sido específica, também estava vivendo sozinha.

Por nunca ter reservado um tempo para visualizar claramente uma vida que abrangesse tudo o que queria — um trabalho que me empolgasse, um relacionamento que corroborasse minhas ambições, um jeito de cogitar a maternidade que me permitisse continuar trabalhando — na verdade, eu era exatamente o que temera me tornar anos atrás, quando pleiteei uma vaga na faculdade: incompleta.

Eu sabia que queria mais. Mas a resposta não estava bem à minha frente. Não era uma opção que se apresentava a mim por minhas circunstâncias da época. Não tinha a ver com ser promovida ou pular para outra empresa de seguros, ou ter mais sucesso exatamente onde estava, fazendo o que vinha fazendo.

A mudança consistia em adquirir visão. Consistia em sair da minha zona de conforto, imaginando algo que não era óbvio para mim mesma.

Então, parei e me perguntei: *O que eu amo? O que quero a mais em minha vida? Pelo que sou apaixonada?*

Essas também são perguntas que faço a clientes com frequência. Porque o que você ama é o que você deveria estar fazendo mais. Parece óbvio, mas também vale para os negócios. Pense em empresas com múltiplos setores e fluxos de receita. No final de 2018, o Citigroup vendeu seu setor hipotecário ao Cenlar porque percebeu que seu foco em diversificação, tão popular nos anos 1990 e 2000, levou a uma diluição real de seu foco central e à redução dos lucros. Eles analisaram aquilo em que eram melhores — bancos comerciais — e decidiram abraçar isso e tentar possuir mais desse espaço.

ATREVA-SE A VER ALÉM DE SEUS LIMITES

Se quer algo porque isso genuinamente o empolga, você será muito mais persuasivo, porque vai conseguir argumentar de maneira firme e estimulante. Isso vale tanto para momentos em que está tentando convencer seu conselho comunitário a começar um projeto de plantação quanto para quando meus clientes estão trazendo um novo bem de consumo ao mercado. Entusiasmo — amor — é contagioso.

Minhas respostas foram:

1. Amo palavras e linguagem.
2. Amo política.
3. Quero ajudar pessoas em grupos conflitantes a entenderem mais umas às outras.

Isso foi em 2005, logo depois que George W. Bush foi eleito pela segunda vez, e, tal qual a sensação após o 11 de setembro, éramos, de novo, um país dividido. Assim como alguém que divide o tempo entre a rural Nova Jersey e a urbana de Nova York, tive uma sensação real de estar no centro dessa divisão. A cidade tinha um conjunto de política, mas minha família e amigos do subúrbio tinham outro. Estava me movendo entre duas comunidades de pessoas que eu amava e respeitava e que não conseguiam encontrar um jeito de ouvir umas às outras.

Portanto, agora tinha meus três princípios norteadores: linguagem, política e empatia. Mas isso não descrevia nenhuma profissão de que eu ouvira falar.

Então, voltei a pensar no conselho de Glenn e decidi que não faria novamente as coisas à minha maneira. Não readaptaria minha ambição para combinar com algo que eu já conhecia, algo "pronto". Eu permaneceria comprometida com minha visão específica: queria um emprego novo que, de algum modo, envolvesse linguagem, política e comunicação colaborativa, muito embora não tivesse a menor ideia do que era isso.

PERSUASÃO

COMO A VISÃO CARACTERIZA A AÇÃO

Uma vez que tive clareza de meu comprometimento, minha visão ditou minhas escolhas. Já que nada se encaixava no perfil em que eu estava, sabia que precisava começar a ampliar meus horizontes. Inscrevi-me em cursos, palestras e eventos sociais. Comprei livros. Contatei amigos por todo o país. A cada momento, quando hesitava em me inscrever no próximo encontro ou enviar o próximo e-mail, apenas me perguntava: *Esta atitude está potencialmente me movendo para mais perto de minha visão?* Se a resposta fosse sim, eu pressionava Enviar.

Alguns meses antes, me dei conta de que estava me inscrevendo em uma conferência em Charleston, na Carolina do Sul. O nome era Renaissance Weekend e reunia as mentes mais brilhantes dos negócios, da política e das artes. Todo mundo que comparecesse tinha que falar e participar. Ganhadores do Nobel. Vencedores do prêmio Pulitzer. Roteiristas ganhadores do Oscar. Congressistas. Juízes da Suprema Corte. Eu havia dado um passo maior que a perna. O que Lee Carter, da pequena cidade de Nova Jersey, tinha em comum com um astronauta? O que possivelmente eu teria a acrescentar a uma conversa com um ex-presidente? Minha insegurança começou a tomar conta de mim — até ouvir um homem falar. Seu nome era Frank Luntz, e, quando ele falou sobre a importância da linguagem, da transmissão de mensagens e histórias na eleição de 2004, fiquei estupefata. Ele era um dos parceiros fundadores da maslansky + partners e eu soube — simplesmente *soube* — que tinha encontrado minha próxima carreira.

Mas não tinha experiência alguma no ramo. Tinha a graduação errada. E morava em Nova York, não em Washington, D.C.

No próximo capítulo, compartilharei como os persuadi a, inclusive, me entrevistarem. Mas a questão aqui é que, sem minha visão específica, eu não teria sequer dado os passos que me levaram àquela conferência e não teria reconhecido a oportunidade quando ela chegou.

O que teria acontecido se eu não pensasse além do leque de opções bem à minha frente? Estaria sentada em um escritório em algum lugar, recebendo um salário, fazendo algo que odiava, como muitas pessoas. Nunca teria acompanhado o então senador Barack Obama por Iowa e New Hampshire. Nunca teria acompanhado a ascensão do presidente Trump da escada rolante à Casa Branca. E nunca teria entrado no ar, sentada próximo a um de meus ídolos profissionais, Maria Bartiromo, toda semana.

AS TRÊS VANTAGENS DA VISÃO

Em 2007, tivemos um cliente que queria nossa ajuda para encontrar a linguagem da solidariedade. Quando lhe perguntei qual era seu objetivo, ele apenas disse "salvar o mundo". Seu objetivo incrível e altruísta era fazer todo mundo no globo ser solidário a alguma coisa. Ficamos muito comovidos com sua intenção e quisemos ter certeza de que essa visão fosse traduzida para algo específico que pudesse, de fato, ser colocado em ação e causar impacto. Da forma como estava, o objetivo era amplo demais para motivar. Ser solidário a quê? A quem? Por quê? Persuasão não tem a ver apenas com linguagem e mensagem; também tem a ver com estratégia. Ele sabia que, quando você tenta persuadir pessoas a fazer coisas demais, vai paralisá-las ou, ainda pior, ser completamente ignorado. Ele queria nossa ajuda — não somente com a linguagem, mas para redefinir sua visão e torná-la concreta. Estas são as três vantagens de ter clareza a respeito de sua visão.

VANTAGEM 1. FOCO

Uma visão específica vai ajudá-lo a priorizar. Você tem uma quantidade limitada de energia mental ou tempo em um dia e poucos recursos. Se não tem total clareza do que está tentando alcançar, desperdiçará tempo em atividades que não o estão fazendo progredir. Você pode se perguntar: *Esta escolha está me aproximando de minha visão?* Se não estiver, talvez ela seja contraproducente.

Por exemplo, se sua visão é virar o jogo na política, você está arranjando tempo para falar com os eleitores, encontrar-se com possíveis candidatos e trabalhar como voluntário? Se sua visão é abrir um restaurante, mas você não reservou tempo algum para dar uma olhada em locais, encontrar-se com investidores ou estudar hábitos gastronômicos do bairro pretendido, ela não se tornará realidade. Quando você deixa sua visão determinar seu foco, investir tempo e energia fica mais fácil.

Isso é verdade sobretudo para empresas. Uma vez que criei um Plano de Persuasão para um cliente, sempre temos que nos certificar de que as empresas alocaram recursos suficientes para seguir em frente com o plano. Não faz sentido uma empresa dizer: "Estamos comprometidos com uma maior transparência em nosso processo de empréstimo" se ela também não implementou uma equipe jurídica para redigir os novos documentos, nem previu treinamento necessário para instruir seus funcionários.

Vamos voltar ao meu cliente que queria salvar o mundo. Ele tinha uma grande visão, mas precisávamos que tivesse foco. Conversamos sobre qual impacto ele poderia causar em três grupos que poderia mirar para inspirar a filantropia: os mais ricos entre os ricos, corporações, e pessoas como você e eu. Após analisarmos esse exercício de triagem, ele percebeu que poderia causar um impacto máximo no futuro se começasse a envolver jovens no momento em que estivessem decidindo o que queriam fazer pelo resto da vida. Por fim, ele focou os dados que diziam que, se você envolve precocemente estudantes universitários em atos de generosidade, eles acabarão desenvolvendo um foco altruísta ao longo da vida.

Temos acompanhado os resultados de seus esforços — hoje, mais jovens querem trabalhar em organizações não governamentais (ONGs) do que em bancos de investimento. Temos, mais do que nunca, *campi* universitários envolvidos com voluntariado e levantamento de fundos. Tudo isso porque nosso cliente foi capaz de mobilizar suas energias para uma visão grande e ousada — mas focada.

VANTAGEM 2. INTEGRANDO OUTRAS PESSOAS

A segunda vantagem de ter uma visão específica é que ela motiva outras pessoas a fazer acontecer. Bons líderes fazem isso o tempo todo. Mas essa verdade vale tanto em casa quanto no trabalho.

Por exemplo, talvez você tenha definido um objetivo de ter mais tempo para a família. Se você lhes diz "Quero mais refeições entre família", eles podem sorrir e acenar com a cabeça, podem até concordar, mas você ainda não comunicou uma visão específica com a qual eles podem colaborar para tornar real.

Em vez disso, você diz: "Tá bom, pessoal, acabei de ler que crianças que jantam com os pais pelo menos três noites por semana se saem bem melhor na escola e têm mais sucesso em longo prazo. É o que queremos para vocês. Então, domingo, terça e quinta-feira, quero todo mundo à mesa às 19h." Esse é um objetivo específico que eles podem trabalhar com você para atingir. Se não consegue integrá-los, não importa o quanto sua visão seja firme, ela não acontecerá. A maioria dos objetivos, sobretudo os de negócios, requer colaboração para ter sucesso.

Em nenhuma situação isso foi mais importante do que em meu cargo de presidente da maslansky + partners. No fim dos anos 2000, percebemos que, para continuar a crescer, precisávamos resolver uma questão estratégica fundamental. Internamente, estávamos girando em círculos: éramos uma companhia de linguagem, uma companhia de mensagens ou uma companhia de pesquisa? Como resultado, nosso marketing sofreu, porque nunca conseguimos entrar em acordo sobre qual aspecto de nossos serviços promover. Meus parceiros e eu tínhamos as respostas para muitos dos desafios que nossos clientes encaravam, mas nossa equipe não estava envolvida conosco para valer. Ela queria continuar fazendo nosso tipo inicial de pesquisa e focar o conjunto principal de desafios que historicamente tínhamos enfrentado. Mas os parceiros enxergavam oportunidades maiores. Esse conflito levou a um tipo de crise de identidade.

Então, em um curso de gestão executiva, fui incumbida a pensar em um desafio empresarial que quisesse resolver. Na hora, percebi que nunca havíamos elaborado uma visão para compartilhar com a equipe daquilo que *nós* queríamos que a companhia fosse. Tínhamos perdido tempo tentando entender se éramos a opção a, b ou c, mas, em vez disso, talvez houvesse uma quarta opção, uma coisa nova, algo que ninguém vira antes, um novo modo de prestar serviço a clientes.

E se a resposta fosse *dedicar-nos* ao que dificultava nossa categorização? Decidimos organizar nosso negócio em torno do que já estávamos fazendo melhor — linguagem estratégica. Observamos a evolução da estratégia de marca e vimos que, ao longo das décadas anteriores, ela variou de logos à esquema de cores, a serviço de atendimento ao cliente e à "experiência"— o cheiro do saguão de um hotel, a recepcionista na entrada de uma loja.

Nosso negócio tem uma oportunidade similar. Começamos como uma companhia que fazia pesquisa sobre questões de assuntos públicos para ajudar clientes a se comunicarem de maneira mais eficaz. Depois, trabalhamos para ajudar empresas a encontrar a linguagem certa para novos produtos e marcas. Clientes nos pressionaram a ir além. Eles nos pediam que ajudássemos sua gerência sênior a comunicar estratégias. Procuravam-nos para explicar políticas complexas a consumidores e funcionários. Desafiavam-nos a usar uma nova maneira de falar, a fim de influenciar a cultura interna de diferentes organizações. E percebemos que, em uma era de declínio do tempo de atenção e aumento de mensagens confusas, a linguagem utilizada pelas empresas nunca foi tão importante. A linguagem molda, literalmente, todo aspecto de como consumidores, clientes em potencial, funcionários, investidores e outras partes interessadas experienciam uma empresa. Palavras moldam a experiência do funcionário e a do consumidor. Reconhecemos que, em muitos casos, não há verba para linguagem estratégica, assim como no passado não havia verba para estratégia de marca. Vislumbramos uma época em que a linguagem estratégica se tornaria parte essencial da estratégia de negócios de toda empresa. E, hoje, essa visão nos guia e molda nossa própria estratégia.

O passo seguinte era deixar claro para a equipe o que queríamos ser. Fizemos um esboço e estimulamos nosso time a ficar à vontade em não ficar à vontade quando aparecêssemos com novas formas de aplicar o que fazemos a desafios diferentes.

Nossa visão nos capacitou a confiar mais em nosso valor e a ficar mais à vontade por envolver novos clientes de novas maneiras. E a empresa cresceu. Nada disso teria sido possível sem expandir nossa visão para além das opções bem à nossa frente. E nada disso teria acontecido se nossa equipe não tivesse ido até o fim. Porque é ela — e não somente os parceiros — que está conduzindo esse crescimento.

VANTAGEM 3. MOTIVAÇÃO

De tempos em tempos, todos nós enfrentamos burnout, desânimo e frustração. Sua visão lhe dará pelo menos cinco coisas que o manterão seguindo em frente quando o último protótipo de seu esboço não funcionar, ou quando houver uma paralisação em sua cadeia de suprimentos, ou simplesmente quando você ficar sem inspiração.

Quando eu estava começando a desenvolver o processo de persuasão para este livro, houve dias em que tive dificuldades para formalizar o que fazemos como empresa, como se estivéssemos fazen-

PERSUASÃO

do tudo por instinto. Algumas vezes, me vi tentada a jogar a toalha. Para seguir em frente, tinha de voltar à minha visão, ao porquê de acreditar que precisávamos compartilhar os passos da persuasão. Acredito em uma visão da qual todos nós conhecemos essas habilidades fundamentais e as aplicamos rotineiramente em nossas vidas e locais de trabalho. Nesta visão:

1. Teremos conversas melhores, com menos cinismo.
2. Estaremos abertos a diferentes pontos de vista.
3. Ouviremos com respeito uns aos outros.
4. Fortaleceremos a empatia.
5. Teremos relações significativas e duradouras com nossos clientes e outros públicos-alvo.

Aprendi que o medo limita você e sua visão. Ele serve como tapa-olhos para o que talvez esteja a apenas alguns passos de você. A trajetória é valiosa, mas acreditar em seus talentos, habilidades e autoestima pode capacitá-lo a percorrer um caminho ainda mais brilhante. Transformar medo em liberdade – não é maravilhoso?   –SOLEDAD O'BRIEN

O QUE ATRAPALHA?

O desafio número um que vejo quando clientes, ou até amigos, desejam promover suas ideias ou objetivos não é eles terem ambições exageradas, mas que elas são pequenas demais para serem inspiradoras. Se não o são, como ter esperança em que elas possam inspirar outras pessoas? Você pode parar de tentar conseguir o que quer antes de sequer ter começado. Em minha experiência, há três principais obstáculos no caminho. Assegure-se de procurá-los em seu pensamento.

ATREVA-SE A VER ALÉM DE SEUS LIMITES

OBSTÁCULO 1. FALAR SOZINHO

As pessoas na casa dos 20 anos a quem dou mentoria constantemente sofrem do mal de se convencer a mudar de ideia antes de sequer terem começado. Elas temem não ter a graduação certa ou os contatos certos. Se deram início a um percurso, elas falarão sobre como é difícil mudar de setor. Quando Michelle Obama foi convidada no podcast da Oprah [Winfrey], falou sobre como, sendo filha de um funcionário de uma estação de tratamento de água da zona sul de Chicago, ela não estava em vantagem ao definir os próprios objetivos. Ela não tinha contatos ou experiência; ninguém da família frequentara faculdades da Ivy League ou de direito. Ela compartilhou o mesmo conselho que eu. A vida mudará somente quando você parar de procurar motivos pragmáticos sobre por que seu objetivo é inatingível.

O outro erro comum é olhar para experiências passadas procurando hipóteses sobre seu sucesso futuro. Ninguém nunca chamou você para dançar, então ninguém nunca chamará. Você não ficou grávida, então não ficará. Você nunca ganhou o sorteio da loteria, então seu bilhete não será sorteado. Essa atitude é compreensível, mas a vida não funciona assim. Os parceiros de dança, óvulos e bilhetes não falam uns com os outros. Você começa com novas hipóteses a cada vez.

Falar sozinho de um jeito negativo é tentador porque parece autoproteção — e até conforto. Pensamos que, se ficarmos martelando para nós mesmos todos os motivos pelos quais nossa visão é ridícula, não vai doer tanto quando outra pessoa nos magoar. Mas você não pode criar um calo protetor de negatividade.

Pelo contrário, apenas se prejudicará. Se quer conseguir o que deseja, se quer começar a persuadir pessoas a lhe dar o que deseja, você precisa interromper esse ciclo.

OBSTÁCULO 2. ACEITAR O CINISMO

Todos temos pelo menos um pessimista em nossas vidas. Para nossos clientes, com frequência são seus advogados. Para muitas pessoas, são seus pais ou cônjuges. "Como você vai ter tempo para isso?" "Está louco? Você tem um emprego estável agora, para que mudar as coisas?" "Temos a maior fatia do mercado — não é hora para inovar!"

Tivemos um cliente que queria definir um objetivo de neutralizar a água da empresa no ano de 2020. Teria sido um objetivo e tanto para qualquer fabricante, mas era uma empresa de bebidas; era necessário água para fazer o produto. Então, uma a uma, pessoas de toda a organização disseram a esse executivo por que aquilo era impossível. Perguntaram: "O que acontecerá se não atingirmos o objetivo?" "O preço das ações despencará?" Advogados tinham receio da promessa. Fábricas tinham certeza de que era impossível. O financeiro afirmou que ficaria caro demais. Mesmo grupos ambientalistas disseram que talvez, apenas talvez, eles devessem expandir o cronograma. Ou diminuir o objetivo. Mas esse líder foi a público e fez a promessa mesmo assim, dizendo: "Se não definirmos o objetivo, nunca vai acontecer. E, se perdermos, pelo menos estaremos melhor do que estamos hoje, e todos teremos aprendido com isso."

OBSTÁCULO 3. OLHAR PARA FORA DE SI MESMO

É a autossabotagem mascarada de diligência. São as pessoas que pedirão conselhos a todo mundo até encontrarem um único sujeito que lhes diga não. Aí, elas dirão: "Está vendo, era uma má ideia." Naturalmente, se procurar bem, você sempre encontrará motivos para não conseguir o que quer, ou achar que o que está fazendo é improvável — ou impossível. Quase nada de sublime já alcançado pareceu um gol de placa desde o início. J. K. Rowling, Oprah, Barack Obama não eram pessoas para as quais você teria olhado quando jovens e pensado: *Ah, sim, claro, é muito óbvio que eles vão mudar o mundo.* Tenho certeza de que, se tivessem tido um pressentimento à época, ouvido o chamado, eles teriam perguntado por aí até alguém dizer: "Sabe, eu deixaria essa ambição de lado e arrumaria um emprego comum. Algum com salário fixo."

Quando você sente medo, é da natureza humana querer validar os motivos para evitar riscos. Mas ceder ao medo nos mantém longe de nosso melhor; a negatividade nos afasta da conquista; e encontrar histórias que reforcem nossos medos pode nos paralisar.

Não estou lhe sugerindo que evite pesquisar ou que não aprenda com suas falhas. Estou apenas dizendo que você não pode deixar falhas ou histórias de advertência definirem você.

A despeito do fato de a economia estar em alta, empresas de comunicação têm passado por dificuldades. Eu conversava com colegas de outras companhias sobre a nossa visão de crescimento e eles me desanimavam. Eles me contavam sobre verbas sendo cortadas ou um setor passando por mudanças extremas. Enquanto dei ouvidos, eu, por minha vez, fiquei estagnada. Fiquei restrita à minha maneira de pensar, e não crescemos. Mas quando parei de ouvir os outros, e nos dedicamos à nossa visão sobre encontrar uma necessidade de nicho, as coisas decolaram.

CORAGEM

Será preciso uma coisa para evitar cair nessas armadilhas: coragem. Será necessária uma valentia tremenda para não dar ouvidos a figuras de autoridade e pessimistas. Às vezes, será árduo silenciar aquela voz de dúvida em sua cabeça. Será difícil olhar para as falhas e, em vez de ser definido por elas, aprender com elas. Porém, se quer vencer, você terá de fazer isso. Caso contrário, a visão que criar vai por água abaixo e não será inspiradora, a ponto de você não querer mais seguir em frente.

Quando Blake Mycoskie inaugurou a TOMS, ela estava fundamentada em uma ideia ainda não testada amplamente: que uma empresa poderia ser rentável cobrando um valor premium por seu produto se cada aquisição fosse direcionada à benfeitoria social. Absolutamente ninguém achou que essa era uma boa ideia. Blake começou com 250 pares no estoque e teve que vender suas companhias antigas para financiar a produção. Hoje, a empresa está avaliada em cerca de US$600 milhões. Ao se comprometer com uma visão audaciosa — não haver mais pessoas que não usem sapatos e acompanhar de crianças doentes em países em desenvolvimento —, ele transformou seu sonho em realidade. Você pode fazer o mesmo.

Tenho uma amiga que é médica, mas sentia uma necessidade premente de fazer algo a mais para promover a prevenção do câncer de mama. Ela não tinha nenhuma experiência na política e um emprego em período integral que não estava preparada para deixar. Mas sua paixão pelo assunto era autêntica e estava em sintonia com o governo local. Ela imaginou que teria de deixar a medicina para causar impacto, mas, quando abandonou essa limitação autoimposta, foi capaz de expandir sua visão. Hoje, ela gerencia o comitê de política de saúde pública de seu município e passou uma semana em Washington se encontrando com congressistas, enquanto a nova legislação sobre saúde é elaborada.

Pense nisso por um instante. Em que tipo de pessoa você quer votar? Quais produtos quer comprar? Que tipo de pessoas quer contratar? Em que tipo de recursos quer investir? Isso mesmo — (n)os visionários. (N)os otimistas. Quando estou testando mensagens de candidatos, sempre são as maiores que repercutem.

Uma coisa que aprendi foi que, seja pessoal ou profissional, quando você pensa grande, fica genuinamente empolgado com o que está perseguindo, e essa empolgação autêntica é muito mais fácil de transmitir. Então, o que é que você quer?

Você quer um ótimo parceiro?

Você quer uma carreira totalmente nova?
Você quer se candidatar à câmara de vereadores?
Você quer que pessoas se importem — que se importem de verdade, quero dizer — com um assunto que significa muito para você: mudança climática, igualdade salarial, ou impedir que um novo empreendimento aconteça em sua comunidade?
Você quer mudar a cultura de sua empresa? Quer lançar o próximo medicamento arrasador?
O que é que você quer *de verdade*? Não o que suas amigas lhe disseram que é "realista". Não o que o contador lhe disse que é "viável". Não o que o RH condicionou você a pensar que é "razoável". Não o que o mediador lhe disse que "era permitido falar". Não o que as finanças lhe disseram que estava "dentro do alcance". Enquanto cultura, ficamos muito bons em explicar por que algo *não pode* acontecer, em vez de explicar por que pode. Os melhores líderes não procedem assim. Eles pensam grande; sonham grande.
Para fazer o mesmo, o primeiro passo é conseguir um tempo para devanear. Para se perguntar: *O que eu amo? O que me motiva? O que eu poderia usar para causar impacto?* Faça um levantamento. Onde penso melhor? Na academia? Fazendo caminhada? Ao lavar a louça? Dê um tempo a si mesmo da rotina em que sua mente está ocupada com a próxima tarefa que você está tentando não esquecer. Se seu trabalho é desgastante demais para lhe dar esse espaço, talvez você tenha que dar uma escapada — uma caminhada no fim de semana, sozinho. Ou até uma viagem. Descubro minhas melhores ideias quando saio da rotina ou, melhor ainda, da zona de conforto.
Quando souber com clareza exatamente o que quer, anote. Há pouco tempo, uma empresa automobilística veio até mim porque ninguém sabia mais o que ela realmente representava. Eles não tinham uma visão global. Então, nossa equipe falou com todo mundo que era fundamental na fabricação dos carros — engenheiros, projetistas — e anotou o que eles valorizavam no próprio trabalho.

O tema que surgiu naturalmente foi a mobilidade. Eles se viam como fornecedores de um serviço que ajudava as pessoas a viver de maneira segura e eficiente. Conseguimos, portanto, expandir sua missão em duas direções. Em vez de empresa de carros, eles poderiam ser uma empresa de mobilidade, investindo em aeronáutica e soluções para transporte público. Para a comunidade, isso significou um investimento em mobilidade superior — bolsas de estudo para engenheiros e iniciativas científicas. Quando você faz anotações, meras inclinações se tornam dados.

SUA VEZ DE AGIR

Qual seu maior, melhor, mais descarado e mais ousado desejo? Pegue um pedaço de papel e uma caneta. Sim, este é um exercício analógico, mas pesquisas demonstraram que, para esse tipo de pensamento, o ato físico de escrever ativa o cérebro de um modo que a digitação não ativa. Agora, anote: o que eu quero?

1. **Vá no seu ritmo.** Sua primeira resposta provavelmente terá de ser ampliada.
2. **Seja específico.** Visualize. Cada detalhe.
3. **Não fique com vergonha.** Quando era criança, eu pensava que seria legal demais ser Barbara Walters, mas passei 20 anos dizendo que não conseguiria. Foi somente quando silenciei essa voz que me tornei correspondente de jornal.
4. **Seja capaz de mensurar seu sucesso.**

    a. *Se é pessoal:* Saiba como vai mensurar o sucesso para saber quão longe precisa ir. Para a mãe que queria mais jantares em família, o objetivo são sete noites por semana? Duas? Qual é a cara do sucesso? Quando você o avaliará? Vai verificá-lo após seis meses? Ele se estende a outras coisas? Tem realmente a ver com ser ouvida e respeitada? Depois, você precisará voltar a suas visões. Isso pode ser circular.

b. *Se é um produto:* Se você é gerente de anuidade ou está vendendo no Etsy algo que fez, o que define o sucesso? Para algumas pessoas, é simplesmente: "Eu fiz e comercializei." Para outras, é: "Cinco pessoas compraram." Para alguns de nossos clientes, precisa ser o primeiro produto da lista dos mais vendidos. Para outros, são todas as opções acima.

c. *Se é uma empresa:* A métrica pode ser mudar a fama da empresa de menos respeitada para a mais respeitada. Ou, se a questão é mudar algo dentro da cultura da empresa, talvez haja uma métrica interna. Quantas licenças médicas as pessoas estão tirando? Quanta rotatividade há? Como as pessoas estão avaliando sua satisfação com o trabalho? Defina objetivos e métricas pelas quais você os alcançará.

5. **Escreva sua própria linha de conduta pessoal.** Agora, reserve um momento para organizar tudo. Anote. Consulte-a com frequência. Ela será sua estrela-guia enquanto você resiste ao temporal da persuasão que chegará.

2

SENDO SINCERO CONSIGO MESMO

Tudo o que me disseram que deveriam ser minhas maiores inseguranças, minhas fraquezas, meus maiores obstáculos – todos os rótulos que me colocaram: baixinha, nerd, magrela, fraca, impulsiva, feia, masculina, pobre, rebelde, barulhenta, esquisita, louca – se revelaram minhas maiores forças. Não me tornei uma pessoa de sucesso apesar deles. Eu me tornei uma pessoa de sucesso por causa deles.

—AJ MENDEZ

Você já foi embora de um evento social pensando que não suportaria participar da conversa por mais um minuto, porque a pessoa com quem falava parecia falsa? Quantas vezes você torceu o nariz para um anúncio de um creme para a pele que prometia ser a fonte da juventude? Ou saiu de uma entrevista de emprego dizendo "Não sei exatamente o porquê, mas não confio nesta pessoa"? Ou fechou um catálogo sobre um novo produto financeiro pensando que não há como ele ter aquele desempenho sem nenhum ponto negativo? Vivemos em uma sociedade que prima pela perfeição, mas louva a autenticidade. E há um problema nisso. Com frequência esses dois conceitos são contraditórios. Neste capítulo, abarcarei os princípios fundamentais da autenticidade e mostrarei como eles se aplicam a pessoas, produtos e também à política. E explicarei de que maneira admitir a vulnerabilidade em marketing pode, às vezes, ser a estratégia mais inteligente.

Você e a pessoa a quem está tentando persuadir vivem na mesma realidade. É fundamental não criar falsas expectativas com base no que *acha* que seu cliente está procurando. Se chega tentando convencê-lo de que você é algo além do que ele percebe que é, você esbarrará no descrédito, e é quase impossível voltar atrás. Nada mata mais rápido a história de uma marca do que a contradição.

Mas vamos deixar claro: persuasão não é convencer alguém de que você é algo que não é. A persuasão tem a ver com encontrar uma história autêntica que mudará crenças ou comportamentos. Portanto, não prometa inovação se você está apenas suprindo uma necessidade. Não diga ao crush que você adora cães se não for verdade. Não diga ao chefe que está pronto para um cargo na gerência se, na verdade, está apenas se preparando para isso. Se existe uma diferença de percepção entre a maneira como você se enxerga e como a pessoa que você está tentando persuadir o enxerga, haverá um problema.

Porém isso também não significa que você não possa tirar vantagem da autenticidade. Durante anos, a Avis foi a segunda maior empresa de aluguel de carros do país, depois da Hertz. Eles não podiam anunciar que eram os melhores ou avaliados como o número um em alguma coisa. Não havia como quebrar a supremacia da Hertz, então, finalmente, a Avis cedeu. "Avis: Somos Mais Esforçados." Era um slogan que reconhecia a própria posição e também dizia ao cliente que havia um lado bom em ser a número dois. Funcionou: a empresa lucrou pela primeira vez em uma década.

Quer você tenha se identificado ou não com as mensagens de Trump quando ele estava em campanha política, minha pesquisa mostrou que, para muitos eleitores, ele deu a entender que era autêntico e sem filtros. Ele lidou com sua falta de experiência política sem pedir desculpas por isso. Seu público sentiu que podia confiar nele porque ele "não teria papas na língua". Quando testei seus discursos em partes do país em que a economia nunca mais se recuperara totalmente da quebra, as pessoas não queriam ouvir "Já chegamos bem longe, mas há um longo caminho pela frente", porque isso não refletia sua experiência. Elas não tinham empregos, então não sentiam que haviam chegado longe e, com certeza, não queriam ouvir que ainda havia "um longo caminho" pela frente. Elas queriam soluções *agora*. Quando Trump espelhou as perspectivas delas — de que queriam voltar a trabalhar, de que precisavam de empregos nos Estados Unidos, de que o governo *esteve* desiludindo-as ao permitir que os empregos fossem deslocados para o exterior e que mereciam coisa melhor — elas se sentiram validadas.

Outra maneira de pensar na autenticidade é a vulnerabilidade. A Dra. Brené Brown, professora pesquisadora que passou as duas últimas décadas estudando vergonha e vulnerabilidade, define a última como "incerteza, risco e exposição emocional".

Agora, você pode pensar: *Essas características são o oposto do que quero trazer para a persuasão. Quero ter a certeza de estar entrando nessa porque vou vencer, com risco baixo e potencial reduzido de exposição emocional.* Mas pense nas pessoas que persuadiram você — a apoiá-las, a votar nelas ou a comprar seus produtos. Se há vulnerabilidade aqui e elas reconhecem isso, é muito mais poderoso do que fingir que ela não existe. Com todo seu orgulho e arrogância, Trump admitiu abertamente que não tinha experiência política, mas depois ressignificou isso para seus apoiadores como um bônus.

Se alguém está concorrendo à presidência e é inexperiente... é melhor ele ou ela admitir. Se estão lhe pedindo que pare de usar uma marca consolidada e dê uma chance a uma startup, é melhor falarem que você está assumindo um risco com eles. Se uma mulher está fazendo lobby para que sua empresa inclua licença-paternidade paga, ela precisa dizer que talvez não seja a representante óbvia para esse assunto e, depois, passar a explicar por que isso é um ponto forte. Se uma empresa errou, é melhor admitir que o fez se

PERSUASÃO

quiser recuperar a confiança, que é exatamente do que trata este capítulo — como usar suas vulnerabilidades para reforçar seu argumento, sem transformá-las em algo que soe falso para seu público.

AUTENTICIDADE VERSUS PENSAR GRANDE

Uma pergunta que ouço o tempo todo: autenticidade e pensar grande são contraditórios? Com toda a certeza, não. Barack Obama tinha apenas um mandato como senador quando concorreu à presidência. Ele apresentou seu relativo ineditismo ao mundo de Washington, sectário e comprometido com lobbies, como um ponto forte, e se ateve a seu trabalho recente como organizador comunitário para se posicionar como alguém que compreendia o povo norte-americano "na prática".

Quando eu soube pela primeira vez que um trabalho com foco em linguagem, mensagem e persuasão nem sequer existia, teria sido fácil demais deixar minhas limitações me dizerem que não havia jeito de persuadir essas pessoas a me entrevistarem. Em vez disso, bati o pé. Enviei e-mail. Telefonei. Mandei cartas. Perguntei a todos os meus conhecidos se eles tinham como me botar lá dentro, de algum modo. Então, certa noite, uma de minhas amigas mais próximas acabou jantando com os cofundadores da companhia; ela lhes contou que eu estava obcecada pelo que eles faziam. Acontece que eles estavam abrindo um novo escritório em Nova York e — bum! — fui entrevistada.

Porém, se eu tivesse entrado e dito "Sou uma escritora perfeita, uma pesquisadora consagrada e a mais confiável consultora de executivos de primeira linha que vocês conhecerão", teria sido ridicularizada na sala.

Em vez disso, admiti: "Posso não ter a experiência evidente, mas conheço as pessoas. Durante meus anos no setor de seguros, aprendi como entender sua visão de mundo e me comunicar a partir dela." Fiz questão de enfatizar que eu era formada em sociologia

— essa era uma das minhas evidências, sobre o que vamos falar mais depois. Encerrei dizendo à equipe de recrutamento que minha paixão por entender a maneira como as pessoas interagem e minha obsessão por linguagem me tornavam a candidata certa para o trabalho. Minha tacada foi honesta, fez jus às minhas lacunas e, ainda assim, me rendeu uma posição de triunfo.

VULNERABILIDADE EM CRISE

Antes da crise financeira de 2008, tivemos um cliente que era um dos maiores bancos comerciais nacionais dos Estados Unidos — vamos chamá-lo de Banco da Rua Principal. Como parte de nossos serviços, fazíamos muita pesquisa de mercado, investigando os hábitos de gastar e de poupar dos consumidores-alvo, perguntando coisas como "O que você procura em uma conta bancária?" e "O que o incentivaria a assinar uma linha de crédito de financiamento imobiliário?".

Então, durante a crise, eles compraram um dos menores bancos que tinha feito muitos financiamentos imobiliários de alto risco e estava correndo perigo de falir. O que ficou patente foi que, após a crise, sempre que tínhamos grupos de foco sobre finanças no contexto do Banco da Rua Principal, clientes diziam: "Eles são uma empresa horrível. Causaram a crise financeira! *Eles* tentarão promover financiamentos imobiliários de alto risco justo agora que as pessoas estão sendo despejadas?"

O banco estava ficando muito, mas muito frustrado com tudo isso. Eles continuavam rejeitando nossos dados, afirmando: "Nós compramos esse banco. Essas não eram *nossas* práticas de venda. Não sabíamos que isso estava acontecendo, e agora estamos salvando todas essas pessoas. Somos os mocinhos da história."

Nos grupos de foco, pessoas diziam: "Eles não são os mocinhos. Não me importo com quem comprou quem ou quem estava lá quando aconteceu. Se você é dono deles, precisa fazer a coisa certa."

PERSUASÃO

Sempre que compartilhávamos esses dados, o banco dizia: "Mas eles não sabem de todas as coisas boas que fazemos por nossas comunidades? Temos iniciativas culturais, entradas grátis em museus, jogos de beisebol gratuitos. Patrocinamos clubes masculinos e femininos, e a reurbanização da comunidade. Fazemos tanta coisa!"

Então, levamos isso diretamente aos clientes e eles responderam: "Está *brincando* comigo? Eles foram resgatados. O governo injetou dinheiro neles e o grande 'eureca' deles é que vão mandar pessoas a museus?!"

Às vezes, nosso cliente ficava de fato atrás de um espelho unidirecional, assistindo a isso em tempo real. Eles nos passavam recados: "Corrija essa pessoa. Diga a ela que nós já repusemos a ajuda emergencial. Na verdade, fomos a primeira empresa a repor a ajuda emergencial, e conte a elas..."

As pessoas respondiam: "Não me importo. Ainda é culpa deles."

Mas nossos clientes tentavam, constantemente, nos fazer corrigi-los. Você já esteve em uma briga como essa? Em que alguém que o magoou fica tentando lhe dizer que você não deveria se sentir como se sente?

Não é eficiente.

A reputação deles chegou ao mínimo histórico, mais baixa que a de qualquer um dos concorrentes. E, ainda assim, não aceitavam nosso conselho. Depois, para piorar as coisas, no meio da crise eles decidiram que, por causa do cenário econômico, precisavam encontrar um modo de aumentar a receita; logo, fizeram um comunicado de que, posteriormente, começariam a cobrar dos clientes uma taxa por algo que era gratuito.

A bomba explodiu.

Os executivos nos mandaram escrever várias mensagens diferentes sobre como falar sobre a taxa. Eles diriam coisas como: "Nossos fregueses nos disseram que desejam mais transparência da parte do banco. Na jogada mais transparente da história dos serviços de crédito, estamos dizendo-lhes, com meses de antecedência, que vocês pagarão uma nova taxa. E há muitas maneiras de evitá-la. Vocês têm muito tempo para descobrir como podem se livrar do pagamento dessa taxa."

Filmamos as respostas. Um dos participantes disse: "Certo, espere um minuto. Então, basicamente você está dando socos na minha cara e tenho uma trouxa na cabeça. Você vai tirá-la de minha cabeça e continuar a dar socos na cara, e é para eu agradecê-lo por isso?"

No fim, os executivos decidiram reduzir a taxa, mas, naquele ponto, todo mundo estava tão furioso que era como se isso já tivesse acontecido. O Occupy Wall Street [Ocupe Wall Street] montou acampamento ao redor da sede do banco.

No fim, o CEO de um dos departamentos e 300 dos principais executivos sob sua supervisão nos chamaram para fazer um treinamento no qual mostramos o vídeo do "Então, basicamente você está dando socos na minha cara" e dissemos: "Entendemos que vocês se veem como uma organização orientada ao cliente, mas não é assim que as pessoas os enxergam, e, até que resolvam isso, ninguém mais vai acreditar em vocês." O impacto foi imenso. As pessoas ainda falam disso até hoje.

Foi nesse ponto que finalmente eles ficaram prontos para serem vulneráveis. Disseram: "Sabemos que vai além de somente esclarecer as coisas. Precisamos reconstruir nossa reputação e nossa marca. O que deveríamos dizer? E como deveríamos fazer isso?" Então, nos envolveram em um projeto que, à época, estava muito fora do que tipicamente fizéramos para eles, mas agora fazemos para muitos de nossos clientes: comunicação de crise.

No Capítulo 10, abordaremos com mais profundidade a comunicação de crise, mas, quando clientes se sentem violados — e, nesse caso, eles se sentiram muitíssimo —, é preciso readquirir confiança. Dissemos a eles: "Vocês terão de reconstruir a confiança de um jeito que pareça realmente autêntico ao seu cliente."

Para serem vistos como autênticos, eles tiveram que atender às necessidades do cliente, e não tentar negar sua percepção. A nova linguagem era: "Há vários fatores que levaram ao colapso financeiro em 2008. Não estamos aqui para debatê-los, mas viemos mostrar a vocês que estamos comprometidos com nossos clientes e com a economia norte-americana." Se não tivessem abordado que a coisa boa que estavam fazendo era focar a reconstrução da economia dos Estados Unidos, não faria sentido aos clientes. "Focamos o básico: criar um balanço patrimonial seguro, gerenciar nossos riscos de forma apropriada e, o mais importante, tomar decisões centradas nos clientes."

Outrora relutantes em falar sobre as atitudes que tomaram e que abordaram diretamente a crise financeira, eles perceberam que o único caminho a seguir era reconhecer esse ponto fraco. Então, falaram sobre os programas que saldavam financiamentos imobiliários ou os reduziam, a fim de que as pessoas pudessem ficar nas próprias casas. Eles foram a algumas das áreas mais atingidas e montaram escritórios pop-up para ajudar pessoas a decretar falência e ações de despejo, a fim de que pudessem ficar em suas casas. Se não houvesse possibilidade de os clientes permanecerem nas próprias casas, o banco os ajudaria a encontrar outros lugares para morar.

Essa vulnerabilidade teve um impacto imenso. Ela levou a empresa a uma posição muito melhor, com uma nova marca, maior fatia de mercado e reputação totalmente recuperada dez anos mais tarde.

COMPORTAMENTO DE MANADA

A primeira pista de que você não está sendo autêntico é tentar ser outra pessoa. Esse é exatamente o conselho que seus pais lhe dão quando você está no quarto ano, e ele continua valendo agora. Pelo menos uma vez por mês, uma empresa de serviços de crédito vem até mim e diz: "Queremos ser como a Apple." E tenho de lhes dizer: "Não, vocês não querem ser como a Apple. Tenho dados que atestam isso. As pessoas *não* querem que o banco delas seja descolado. Elas querem que seja confiável, consagrado e responsável. Porque a tecnologia falha. Celulares congelam no frio e superaquecem sob

SENDO SINCERO CONSIGO MESMO

o sol. Ninguém quer que a pessoa que guarda seu dinheiro sofra um curto-circuito ou precise de uma atualização." Temos de persuadi-los de que tentar ser visto como "descolado" seria contraproducente em toda a sua missão. Eles precisam reconhecer o que talvez considerem limitações, como a formalidade, e apresentá-las autenticamente a seus clientes como uma característica que torna um banco digno de confiança.

Da mesma forma, hoje em dia muitas marcas têm obsessão por persuadir clientes de que elas são "inovadoras". Internamente, toda empresa está concentrada na inovação. Observe qualquer feira de negócios. As pessoas falam sobre como "inovam", porque Wall Street gosta da palavra e ela guia o preço das ações, portanto elas querem mencioná-la. Porém, quando vêm discutir sobre persuadir clientes, é meu trabalho explicar que inovação nem sempre é uma coisa boa. Às vezes, as pessoas querem apenas que você cumpra uma função.

Um de nossos clientes era uma empresa de produtos alimentícios que queria conversar sobre inovações no setor alimentar. Itens inovadores no cardápio, maneiras inovadoras de preparar a comida, maneiras inovadoras de distribuí-la. Mas *inovação* não é uma palavra que as pessoas querem associar ao que quer que estejam comendo.

No relatório anual e no boletim de imprensa, eles colocavam fotos de pessoas usando jaleco desenvolvendo produtos como suco de frutas. Mas você não quer ver jalecos em seu suco — você quer ver laranjas em seu suco de laranja. Portanto, se o objetivo era ser visto como uma excelente empresa de produtos alimentícios, que entende de dieta e tendências de saúde para o futuro, tudo bem. Mas não seja inovador.

De maneira análoga, tivemos um cliente que estava trazendo um novo indutor do sono para o mercado. Eles queriam conversar sobre o fato de ele ser o indutor do sono mais inovador de todos os tempos. Mas nossos dados confirmaram, com muita rapidez, que as pessoas não querem um indutor do sono inovador, elas querem um indutor do sono *testado*. O problema desse tipo de medicamento é que todo mundo sabe que há efeitos colaterais. A crença em nossos grupos de foco era: "Se eu tomar um, talvez consiga dormir um pouco, mas ainda vou me sentir horrível amanhã." Também aprendemos que as pessoas não necessariamente tomam indutores do sono porque ficam ansiosas com a noite de sono; o que lhes causa ansiedade é pensar em como vão se sentir *e qual será seu desempenho* no dia seguinte.

Então, falamos a eles que, em vez de "inovador", usassem: "É um indutor do sono sem efeitos colaterais." Porque isso aborda o ponto fraco ou a verdade da pessoa que está usando-o. Você sempre vai querer ir ao encontro da verdade de seus clientes.

SESSÃO DE FEEDBACK

Isso é algo que tipicamente nos deixa desconfortáveis; portanto, não o fazemos com frequência. Uma coisa é dizer "Quero uma promoção dentro da organização", ou "Quero me candidatar para a Câmara", ou "Quero um aumento". Outra coisa totalmente diferente é se perguntar *Onde estou agora?* Com isso, quero dizer: como as pessoas o enxergam neste exato momento? Quais são suas fraquezas? Quais são as coisas que estão impedindo-o de ir aonde você quer?

Às pessoas que talvez não tenham um processo formal de análise, recomendo fortemente que enviem pesquisas anônimas online. Receba um feedback de sua ideia, propósito, plano, desempenho. Porque, para a persuasão ter êxito, você precisa atender às necessidades de seu público. Isso significa conhecer a primeira impressão que ele tem de você, os defeitos e tudo o mais. *Depois* você pode fazer mudanças.

Eis como isso acontece na prática. Este é um exemplo pessoal, de minha própria avaliação 360 graus de alguns anos atrás, mas esse procedimento se aplica a todo feedback. Quando comecei em minha empresa, depois de tudo o que fiz para chegar lá, estava 100% comprometida com meu trabalho, e meu objetivo era evoluir para um cargo de liderança. Porém, quando me sentei para ler as avaliações, foi chocante ver quão pouco eu havia compreendido o que as pessoas realmente pensavam de mim.

Primeiro, elas já me enxergavam como líder, e eu não sabia disso. Mas contenha os aplausos, porque me viam como uma líder ruim, que estava tentando fazer amizade com elas.

Segundo, as pessoas pensavam que eu era preguiçosa, porque chegava tarde com frequência.

Terceiro, as pessoas achavam que eu não era uma boa palestrante ou líder de ideias.

Quarto, e isso doeu demais, as pessoas achavam que eu estava usando minha aparência para promover os negócios. E outras atividades nefastas. O que era *completamente* falso.

É claro que, assim que recebi esse feedback, parte de mim quis fugir, parar tudo e encontrar outro emprego. Quando tentei cogitar mudar as percepções das pessoas, pensei que jamais conseguiria fazer isso. Depois, percebi que eu *tinha* de fazê-lo. Trabalhar lá era um sonho. Além disso, eu não podia instruir clientes a lidar com crises semelhantes e, depois, recusar a fazê-lo para mim mesma. Então, me perguntei: *Como dou a volta por cima?*

Eu sabia que tinha de fazer *exatamente* o que eu aconselhava aos clientes: levar a sério todos os mal-entendidos; validá-los, não negá-los; e estar aberta. Isso me deixou extremamente vulnerável. E desconfortável. Tive de anunciar à equipe que eu recebi o feedback e que tinha sido devastador para mim, mas que o ouvira. Disse: "Estou comprometida em melhorar. Sei que levará um tempo para recobrar a confiança, mas eis o que vou fazer. Primeiro, preciso que todos saibam que fiz uma cirurgia seis meses atrás e tenho lutado contra complicações desde então. Eu deveria ter falado a respeito. Para ser franca, não o fiz porque tinha a ver com questões de fertilidade, o que é emocionalmente muito difícil, e queria que o trabalho fosse um lugar em que pudesse me esquecer disso. Mas foi um erro, porque, naturalmente, vocês se perguntavam onde eu estava. Prosseguindo, marcarei no calendário todas as minhas consultas médicas, e vocês saberão os intervalos exatos em que estarei inacessível."

Portanto, isso respondeu a uma das preocupações deles. Em nosso meio, dizemos o tempo todo que qualquer coisa que seja ambígua será usada contra você. Será interpretada de um jeito negativo, seja lá o que for. Os seres humanos preenchem lacunas com suposições negativas. Instintivamente, não damos às pessoas o benefício da dúvida.

Para responder à outra questão, percebi que precisava, de maneira consciente, criar um ambiente divertido para os funcionários mas, depois, escapar antes que aquilo virasse amizade. Um líder sabe a diferença.

Então, na reunião, passei a abordar o que as pessoas achavam da maneira como eu tratava de negócios. Disse: "Sei que fechei mais acordos que qualquer outra pessoa este ano. Sim, vários dos clientes homens de meia-idade dão em cima de mim na frente de vocês (lembre-se: isso foi durante os anos antes do movimento #MeToo), membros de minha equipe, o que me deixa extremamente desconfortável. Para ser franca, odeio isso. É humilhante e degradante, e o modo como lidei com a situação foi fazendo dela uma piada. Logo, todo mundo começou a fazer piadas também. Foi um erro. Honestamente, luto contra isso", admiti, "e preciso da ajuda de vocês. Não vou mais fazer piada com isso. Vou pedir a vocês que também não façam".

O que acabou acontecendo foi um recomeço. Mas isso não aconteceu comigo dizendo: "Você está louco! Eu nunca faria isso!" ou "Não acredito que você esteja tão preso ao fato de eu chegar tarde sendo que saio mais tarde que qualquer um!". Certo? Eu poderia ter ficado na defensiva.

Em vez disso, validei suas percepções, dizendo, essencialmente: "Estou olhando para mim mesma através de seus olhos e entendo como chegaram a essas conclusões." Feito isso, pude compartilhar meu lado, informá-los do que mudaria dali para frente e convencê-los de que eu estava comprometida com as coisas certas.

RESPEITE SEU PONTO FRACO

Recentemente, a filha de uma amiga entrou na faculdade e, ao chegar, achou que queria entrar na república conhecida por ter as garotas mais bonitas e mais populares. Mas, ao final da semana, percebeu que estava exausta. Ela estava dando tão duro para se encaixar nas definições por demais estreitas do que elas consideravam legal que nunca se sentia à vontade com nenhuma das colegas.

Eu lhe disse que deveria se perguntar: *Quem sou eu, de fato? Onde vou prosperar?*, porque seria aí que ela teria a melhor interação com seu público, mesmo que fossem as outras mulheres da república.

Assim, ela escolheu uma em que as garotas eram divertidas e tranquilas, e a recepção era amigável e acolhedora. Ali, ela sentiu que podia ser autêntica. Agora, se diverte muito.

Certa noite, eu estava em um painel de um evento de mulheres. Perguntaram a nós: "Como vocês fazem networking? Dê a essas mulheres um conselho sobre o que elas deveriam seguir e fazer." Várias respostas socialmente aceitas me ocorreram, mas respondi: "Sabe de uma coisa? Odeio networking. Acho que a coisa mais importante que você pode fazer, se odeia networking, é admitir que odeia networking. Porque, pessoalmente, fico muito pouco à vontade com pessoas que não conheço. A maneira como superei isso foi que, em vez de ficar tentando conversar com todo mundo, defino um objetivo específico. Se eu tiver duas conversas relevantes, então já chega, e posso ir para casa.

"Não estou dizendo 'Não faça networking'. O que estou dizendo é que você o fará melhor se admitir que não gosta dele e, então, definir objetivos atingíveis dentro dessa limitação real e se ater a eles. Se tiver duas ou três conversas relevantes, ainda assim é completamente produtivo, e você se manteve fiel a si mesma.

"A vantagem é que você participará de mais eventos se encontrar um modo viável e autêntico de transitar por eles. No fim, você fará *mais* networking do que se ficasse tentando fingir que adora fazer isso — e evitá-los, ou chegar sem um plano e se esconder no banheiro."

Parte dessa conversa sobre limitações será usá-las para definir fronteiras e objetivos. Depois, ater-se a algo que seja racional e atingível e que continuará a lhe dar um senso de autoconfiança.

Porque, se você se sentar e pensar: *Preciso aprender a adorar networking,* ou *Preciso entrar nessa república porque todo mundo está me dizendo que é a melhor,* ou *Devemos fazer todos os nossos catálogos em branco brilhante com fonte Avenir porque funciona para a Apple,* não estará sendo autêntico. Você acabará não persuadindo as pessoas a pegar seu cartão, apoiar sua inscrição ou ficar com seu catálogo se passar a impressão de que está tentando ser algo que você não é.

Neste exato momento, estamos vivendo em um mundo em que as pessoas gostam de *pequenas quantidades.* Em que gostam de *artesanato.* Elas querem que suas comidas e bebidas sejam locais, orgânicas e artesanais. Essas palavras da moda são o oposto de inovador. As pessoas querem estar o mais perto possível da própria comida e dos ingredientes que colocam em seus corpos.

Isso colocou nosso cliente de bebidas em extrema desvantagem. Porque eles tinham uma vodca que, de repente, estava sendo expulsa de sua fatia de mercado pela Tito's. Veja, no portfólio da empresa, aquela vodca era a marca exclusiva deles, então estavam realmente atordoados.

O primeiro passo foi chamar uma nova executiva de marcas com a tarefa de reformulá-la como uma vodca artesanal. Mas ela não achou que era uma boa ideia, porque não era autêntica. A executiva veio até nós para fazer a pesquisa de mercado sobre essa estratégia e obter nossa contribuição para o rumo que ela queria tomar, reposicionando a vodca de um jeito que fosse genuinamente autêntico.

Portanto, nosso primeiro teste foi verificar como as pessoas se sentiriam se usássemos *artesanal* para descrever aquela vodca. A resposta foi clara — e negativa. Conforme suspeitávamos, o público-alvo disse que não parecia real ou autêntico à marca e que realmente não gostava que as pessoas usassem *artesanal* de maneira inapropriada. Basicamente, eles disseram que todo mundo estava tentando entrar na onda artesanal, mas era preciso ser artesanal para dizer isso.

A outra parte do cenário é que drinks estavam se tornando mais que uma experiência. Na verdade, você está usando o que bebe para se autoafirmar. De certa forma, isso mostra que é um pouco sofisticado. A marca de sua bebida está contando sua própria história. De modo geral, algumas pessoas tinham vergonha de tomar vodca porque destilados escuros estavam mais na moda. Então, o que isso significava para nossa empresa de bebidas?

Bem, voltemos ao significado de *artesanal* e ao porquê de as pessoas gostarem de coisas artesanais. Em parte, é porque elas acham que o artesanal tem uma história por trás de si. Significa qualidade e algum nível de autenticidade. Então, como — em vez de tentar "ser" artesanal — essa vodca poderia trazer à tona seu legado histórico? Conferindo importância à longevidade e à origem da marca.

Nossa colaboração com ela foi lembrar aos clientes o motivo que os levava a pedi-la. Em certas regiões do mundo, ter um gosto e um sabor consistentes é tão importante quanto qualquer outra coisa. Portanto, essa vodca poderia se destacar por seu processamento e ingredientes. Ela era uma das principais marcas de primeira linha, e, quando falávamos sobre a qualidade do processamento e a história de como ela foi a primeira vodca premium, as pessoas respondiam muito positivamente.

Conclusão: não tente misturar as coisas. O que precisa fazer é ser exclusivamente você contando a *sua* história.

Se você é o encarregado de tomar essas decisões na sua empresa, não tente equiparar sua marca a uma tendência que está fora de sua alçada. Alguns anos atrás, a Coors lançou uma linha de águas gaseificadas quando viu que água engarrafada estava virando tendência e as pessoas estavam bebendo menos a cerveja que ela produzia. Mas as pessoas não querem água gaseificada da Coors. Ver Coors no rótulo fez com que os consumidores não se sentissem tão bem por fazer a escolha mais saudável. Não vá atrás de quem bebe água se você é uma empresa cervejeira. Seja a melhor marca de cerveja que conseguir ser.

Se o plano que você está propondo vai custar mais, não espere que ninguém repare; reconheça isso e defenda por que ele poupará dinheiro em longo prazo. Se você nunca esteve na zona preferencial de comércio, defenda os motivos pelos quais trazer a perspectiva de quem vem de fora será vantajoso. Se sua empresa não é atraente, diga: "Não somos atraentes porque vocês não querem o atraente, vocês querem o confiável." Seja sincero sobre quem você é. Porque, quando admite uma verdade que seu cliente pode ver com clareza, instantaneamente se envolve em um diálogo com ele. Você está dizendo: "Eu valido e respeito seu ponto de vista sobre mim. Agora, vamos conversar."

PRIORIZE

Perceba que, em todas as histórias que acabei de contar, identificamos vários pontos fracos e, depois, várias maneiras de transformá-los em pontos fortes. Então, como priorizar qual deles é mais importante para seu público? Se voltar a meu próprio exemplo de quando eu estava tentando lidar com minha avaliação 360 graus, havia quatro áreas problemáticas que precisavam de respostas. Para descobrir qual priorizar, usei a hierarquia de necessidades de Maslow.

A hierarquia de necessidades de Maslow é uma teoria psicológica proposta por Abraham Maslow em seu artigo "A Theory of Human Motivation" ["Teoria da Motivação Humana", em tradução livre], de 1943. Nele, o estudioso escreveu que as pessoas lutarão para atender primeiro às necessidades básicas. Na base temos comida, água e abrigo porque não conseguimos sobreviver sem isso. Depois, acima disso, temos segurança. Uma vez que essas necessidades foram atendidas, lutaremos por amor e sensação de pertencimento. Depois, por autoestima e, enfim, realização pessoal. Porém, se as necessidades nas camadas inferiores não estão sendo atendidas, os níveis mais altos se tornam irrelevantes.

A utilidade disso para nós é que, se uma marca violou a confiança de seus consumidores, como foi o caso de como as pessoas viam o Banco da Rua Principal, a empresa precisa observar em qual nível a violação aconteceu. Os clientes que eles queriam persuadir acreditavam que o Banco da Rua Principal tirara o abrigo de algumas pessoas. Essa é a necessidade mais básica. É uma violação profunda.

Precisei olhar minha avaliação 360 graus e os quatro pontos, e me perguntar: *Qual deles viola a camada mais profunda?* Aquele era o mais importante. Se eu não o consertasse, não poderia falar sobre os restantes.

Em termos de participação comunitária, que faz todo mundo se sentir seguro e protegido, eu tinha de garantir que eles me vissem como uma trabalhadora esforçada, como alguém confiável; que podiam contar comigo. Porque, se as pessoas não pensassem que eu era esforçada, então naturalmente acreditariam que usava minha aparência para fechar novos acordos.

Voltando ao exemplo do Banco da Rua Principal, eles tinham que perguntar: "Certo, a qual necessidade atendemos antes de qualquer uma das outras?" A conclusão é que, se as pessoas não pensam que você leva a sério os princípios fundamentais dos serviços bancários, que vão ao cerne do senso de segurança que têm, você não tem permissão para falar sobre qualquer outra coisa. Foi por isso que eles tiveram de voltar ao básico, enfatizando balanços patrimoniais e práticas em vigor para proteger os clientes. Não visitas gratuitas a museus. Isso não está no topo da pirâmide.

Lembre-se: você não está priorizando o que *você* pensa que talvez seja o mais atraente. É mais provável que não consiga nem começar a falar sobre o que há de mais atraente até que tenha lidado com outras questões. Por exemplo, quando a Microsoft lançou o Windows 7 depois do Vista, eles quiseram falar sobre como passaram três anos inovando e criando todas as funcionalidades, bem como sobre aquele clipezinho de papel falante que lhe daria dicas.

Nosso grupo de foco disse: "Alto lá! Só quero saber como ele funciona. Porque o Vista era tão ruim que nem quero mais usar a Microsoft. Se vocês inovaram em uma porcaria de plataforma, vão torná-la pior." Não era o que a Microsoft queria ouvir. Eles queriam falar sobre inovação, porque era o que consideravam legal.

Porém, quando se está readquirindo a confiança das pessoas, não se pode começar com o "descolado". Depois de perceberem que precisavam respeitar a necessidade do público de confiabilidade, eles escolheram o slogan "É a Microsoft e é minha ideia", que mostrava líderes nos respectivos campos de atuação usando a plataforma para elaborar coisas que funcionavam de maneira consistente.

Ao priorizar qual vulnerabilidade resolver de um jeito autêntico, você não tem que pensar no mais atraente — tem que pensar no mais importante para as pessoas que está tentando persuadir.

A HORA DA VIRADA

Agora que tem uma ideia de seus pontos fracos perceptíveis, quero que pense agora em como pode transformar essas vulnerabilidades. Se você não traz a maior experiência, traz a experiência certa? E uma paixão que o levará a fazer tudo o que puder para seu potencial empregador? No cerne disso tudo, são nossas imperfeições que fazem a torcida por nós valer a pena.

Neste momento, quero que você anote esses pontos fracos. Pense a respeito deles. Como pode transformá-los em pontos fortes?

Veja alguns exemplos que podem inspirá-lo.

Ponto fraco	Virada
Somos uma firma pequena competindo com empresas maiores.	Somos um escritório boutique, pequeno o bastante para lhe proporcionar serviço personalizado. Conheceremos cada um de vocês pessoalmente.
Não temos nenhuma experiência com serviços de crédito.	Trazemos uma perspectiva de quem vem de fora.
Somos uma empresa grande vista como gananciosa.	Somos grandes, mas temos magnitude suficiente para causar impacto.

Ponto fraco	Virada
Cometi erros.	Cometi erros no passado. E aprendi com eles. Aprendi a ouvir mais e falar menos, a reconhecer o mérito quando devido e que, às vezes, a melhor resposta é *Não sei*.
Violamos a confiança de nossos clientes.	Reconhecemos que precisamos recuperar sua confiança. Então, nossos compromissos com você são *x, y, z*.
Você tem que tomar uma injeção em vez de remédio.	Uma única injeção manterá seu nível de medicação estável durante uma semana inteira, eliminando a necessidade de se lembrar de tomar um medicamento diário.
Usamos adoçantes artificiais.	Não usamos açúcar.
Sou rico e intocável.	Realizei o sonho americano e posso ajudá-lo a fazer o mesmo.
Não sou o melhor em *x, y, z*.	Aprendo rápido. Posso ver algo duas vezes e saber como proceder.
Sou um democrata tido como elitista e intocável.	Sou um democrata criado em um distrito republicano com pais republicanos. Sou o primeiro da família a ir para a faculdade. Conheço as dificuldades. Elas são reais. E tenho algumas soluções reais que ajudarão a *todos* nós.

CONCLUSÃO

Se você pensar nas vezes em que foi persuadido, provavelmente foi porque se permitiu algo que não conhecia antes. O espírito da persuasão é mostrar algo meio inesperado; não mostrar o objeto perfeitamente brilhante.

PARTE 2

ELES

3

PERSUASÃO COMEÇA COM EMPATIA

> O livro *Terra Plana – Um Romance de Muitas Dimensões*, de Edwin Abbott, fez com que eu percebesse, ainda muito jovem, que o mundo é completamente diferente do ponto de vista de pessoas diferentes. Tenho certeza de que não existe lição melhor por aí.
>
> —IAN BREMMER, PRESIDENTE E FUNDADOR DO EURASIA GROUP

Se, ao falar sobre um assunto, não consegue *imaginar* por que alguém discordaria de você ou se pega dizendo "Como eles puderam?", você tem um deficit de empatia. Acontece com todos os principais assuntos polêmicos. Pessoas que apoiam a legislação sobre a mudança climática pensam: *Como alguém pode ser tão burro a ponto de negá-la? Tem ciência por trás disso!* Porte de armas. Aborto. Nessas conversas, sentimos falta de empatia. De escuta. E respeito.

Com frequência, clientes me perguntam como consigo permanecer tão calma e curiosa diante de pessoas cujas crenças se opõem às minhas. Deixe-me esclarecer uma coisa: para ser empático, você não precisa concordar com as pessoas. O criador de conteúdo digital Dylan Marron acumulou milhões de visualizações em projetos como *Every Single Word* e *Sitting in Bathrooms with Trans People* ["Cada Palavra" e "Em Banheiros com Pessoas Trans", respectivamente, em tradução livre], mas descobriu que a sombra do sucesso virtual é o ódio na internet. Com o tempo, ele desenvolveu um mecanismo de defesa inesperado: entrar em contato com pessoas que lhe deixavam comentários insensíveis e fazer uma pergunta simples: "Por que você escreveu isso?" Ele tem um podcast e um TED Talk sobre esse tópico — e recomendo muito que você lhe assista. Nele, Dylan explica como a coisa mais disruptiva que você pode fazer é, na verdade, falar *com* pessoas de quem você discorda, não somente falar *delas*. Ele afirma: "Empatia não é aprovação. Ter empatia por alguém de quem você discorda profundamente não compromete, de uma hora para outra, suas crenças arraigadas mais profundas e aprova as da outra pessoa... É apenas reconhecer a condição humana de alguém que pensa diferente."

Desde quando consigo lembrar, sempre vivi com base no pressuposto de que as pessoas, mesmo aquelas de quem eu discordava, têm bons motivos para fazerem o que fazem. O único modo pelo qual sempre consegui me envolver em um diálogo com alguém foi tentando começar a partir daí. Posso não concordar com o ponto de vista de uma pessoa, mas, se pelo menos entendê-lo, posso começar a interagir. Como sabemos com base em nosso contexto político fragmentado, a maioria das pessoas começa julgando em vez de disposta a compreender. Quando não é um julgamento patente, são suposições. Ou trazer à tona toda experiência obtida, em vez de dizer que deve haver algo que não sendo está considerado.

A Dra. Brené Brown, que mencionei na discussão sobre vulnerabilidade, estimula leitores de seu livro *A Coragem de Ser Imperfeito* a passar a acreditar que todo mundo está fazendo o melhor que pode com as ferramentas que possui. No fim, isso não diz respeito a eles estarem ou não estarem fazendo, mas a como apenas *acreditar* nisso e abordar cada encontro com base nessa perspectiva mudará sua essência como pessoa. Porque isso é empatia radical.

Embora nem todo Plano de Persuasão seja tentar interagir com pessoas de quem discordamos totalmente, a lição ainda se aplica porque, em geral, estamos tentando interagir com gente que detém uma perspectiva diferente. Quando descartamos pontos de vista diferentes, perdemos a oportunidade de conexão, e tornamos a persuasão impossível.

Neste capítulo, vamos conhecer opiniões de especialistas nas áreas da empatia, neurociência e comunicação, para aprender como conhecer seu público e seu cliente de maneira íntima e respeitosa. Até mesmo de maneira afetiva. Depois, vou guiá-lo por uma prática que denominei *empatia ativa*, que você pode usar para atingir e persuadir de um modo incrivelmente eficaz, porque não importa o que esteja tentando realizar, tudo começa e termina com o público.

Você não pode atender seu público até entender integralmente quem ele é e como quer ser atendido, e as marcas que dominaram a persuasão — como Nike, Apple e Starbucks — são as que entendem essa mentalidade de atendimento.

QUEM SÃO ELES?

Antes de sequer abrir a boca, é imprescindível ter isto claro: quem é seu público? Este passo pode ser óbvio, mas você nem imagina a frequência com que vejo e ouço anúncios, campanhas de mala direta, teleconferências e outras formas de comunicação que têm como foco tão somente o que a empresa quer dizer — na verdade, só forçar uma mensagem —, em vez de interagir e se conectar de maneira significativa com seu público-alvo.

É importante lembrar: nosso público-alvo é a chave para nosso sucesso ou fracasso. Sem ele, não somos nada. Se nossa mensagem não sintonizar com ele — mesmo que tenhamos o melhor produto, o melhor currículo, o melhor plano de ação, a posição política certa, o perfil de encontros mais bonitinho —, ela cai por terra. Falar com seu público-alvo — e, quando digo público, refiro-me a qualquer um que você precise persuadir, seja na Câmara Municipal ou seus sogros — de um jeito que crie uma sintonia verdadeira torna você importante. Conheça seu cliente — sem julgamento, sem sarcasmo.

PERSUASÃO

> Esta é a regra de ouro da comunicação: fale com seu público como ele é, não como você quer que seja.

Uma das maiores estratégias de marca recentes que surgiu com esse tipo de conhecimento íntimo foi a da Dove. Colegas do setor me disseram que, em 2004, ela estava na verdade prestes a encerrar a marca, com base em vendas fracas e a percepção dos executivos de que ela não era atraente o bastante. A empresa, então, pediu que seus pesquisadores descobrissem como poderia "tornar a Dove atraente". Bem, depois de conversar com centenas de mulheres, os pesquisadores voltaram e disseram: "Não é possível."

A equipe de pesquisa defendeu que a marca precisava versar sobre a beleza *real* de mulheres *reais*, autênticas, sem retoques e honestas. O comitê de direção respondeu: "Que loucura. Quem faz isso? Não, vamos fechar."

Os pesquisadores ficaram desolados. Eles sabiam que seus dados estavam corretos. Sabiam que a estratégia oferecida estava correta. Também sabiam que tinham cometido um erro muito, muito grave. Eles não haviam contado sua história de um modo que sintonizaria com a equipe executiva. Falharam em ter empatia com os tomadores de decisão. Então, voltaram ao comitê e perguntaram se podiam conversar com membros das famílias deles. Após fazer isso, os pesquisadores trouxeram o comitê de direção novamente à sala e lhes mostraram um vídeo das mulheres em seus cotidianos — suas filhas, esposas, mães e namoradas — falando sobre como odiavam a própria aparência, compartilhando todas as próprias inseguranças e medos relacionados a seus corpos, rostos e cabelos. E, dessa vez, os homens entenderam.

A marca voltou atrás e começou a ouvir de verdade suas clientes sobre peso, sobre envelhecimento, sobre nunca se sentirem boas o suficiente. Então, em vez de adotar a abordagem de todas as outras linhas de produto no mercado — "Ah, podemos dar-lhes algo para resolver isso" —, eles disseram às clientes: "Você é perfeita exatamente como é. Nós a reverenciamos. E fabricamos estes produtos para fazer você se sentir a melhor versão de si mesma, com defeitos e tudo." Foi revolucionário e transformou a empresa em uma líder do setor.

Em nossa empresa, dizemos que existem duas verdades: a sua e a deles. Em persuasão, há apenas uma verdade que importa: a deles. Se você não está conversando com essa verdade, não está interagindo com eles. E, sem essa interação, a persuasão é impossível.

O QUE É EMPATIA?

Empatia é uma palavra usada para descrever uma vasta gama de experiências. No âmbito deste livro, estou definindo *empatia* como a habilidade de compreender as emoções de outras pessoas, seus valores e comportamentos. Isso não significa que você tem de concordar com suas emoções, valores e comportamentos, mas significa, sim, que está disposto a interromper seu próprio julgamento por tempo suficiente para conseguir ver o mundo a partir da perspectiva delas.

Empatia ativa, que ensino aqui, é um processo de três etapas que abrange:

1. **Emoções:** Quais emoções tornarão possível ou impossível comunicar-me efetivamente com meu público? Como posso abordar nossos respectivos estados emocionais a fim de termos uma conversa construtiva?

2. **Valores:** Como posso compreender melhor os valores que mais importam para meu público a fim de conseguir comunicar o que é importante para mim em uma linguagem que sintonize com eles?

3. **Comportamentos:** Como posso compreender melhor meu público atentando-me ao que de fato eles fazem, além daquilo que eu penso que fazem ou do que afirmam fazer?

E, ainda que cada componente não seja necessariamente novo, ao praticar a empatia as pessoas geralmente focam apenas um dos três. O importante aqui é percorrer todos os três como uma unidade. Eu o guiarei em cada aspecto e, depois, em como colocá-los em prática de modo consciente conforme conhece seu público-alvo. Você notará certa sobreposição entre os três tipos — é intencional; como você se sente, o que o estimula e como se comporta, está tudo interligado. Porém, se olhar para esses componentes um a um de um jeito disciplinado, você despontará com uma visão completa de seu público-alvo.

COMO A EMPATIA FUNCIONA?

A fim de compreender por que a empatia é tão importante, quero começar destrinchando como ela funciona no conjunto. A própria palavra *empatia* deriva da palavra alemã *einfühlung*, que significa "sentir". Existe muita ciência por trás do estudo da empatia, e há mais coisa sendo adicionada todo dia. Na verdade, somente nos últimos dez anos começamos a identificar as partes do cérebro que controlam a empatia.

Tim Urmston, CEO da SEEK, é especialista em empatia no mundo corporativo. Ele simplifica a biologia por trás da empatia com três palavras: "cabeça, coração e intestino". Quando você vê ou escuta informações, seu córtex pré-frontal mediano assimila os dados e elabora uma estratégia de resposta. Mas essa ação usa apenas 5% de seu mecanismo de resolução de problemas, porque não há nada emocional que impulsione ainda mais os dados em seu organismo.

Tim explica: "Para aplicar a empatia, quero que a informação desça até meu coração, que é parte do meu sistema nervoso autônomo. Também é aqui que os neurônios-espelho ficam." Neurônios-

-espelho são responsáveis pela reação de medo que temos quando estamos tão somente *observando* alguém fazer algo perigoso ou assustador — saltar de um penhasco ou andar de montanha-russa. Seja gritando ao ver filmes de terror ou chorando enquanto assistimos a vídeos de veteranos de guerra voltando para casa no YouTube, são os neurônios que nos permitem viver isso indiretamente.

O terceiro nível de conexão empática acontece no sistema nervoso entérico, seu cérebro no intestino. Hoje, cientistas afirmam que 95% da serotonina de seu corpo é produzida no microbioma do intestino. A palavra *intuição*[*] se baseia na realidade. Tim continua: "Portanto, empatia não é apenas eu saber o que você sabe e sentir o que você sente, mas, *porque* sou capaz de sentir o que você sente, sou impelido a agir a seu favor. Uma vez que consigo praticar empatia cognitiva, a *escolha* de se conectar com alguém e permitir que o que ele(a) está vivenciando se difunda em mim, a inovação na transmissão de mensagens se torna muito interessante e convincente."

TREINANDO OS CÉREBROS PARA A EMPATIA

Nosso slogan na maslansky + partners é: "Não é o que você diz, é o que eles ouvem."® Compreender o que as pessoas ouvem exige empatia e disciplina. Então, sentei-me com a Dra. Jenny Susser, consultora certificada em atividade mental pela Association for Applied Sport Psychology e pelo Team USA Registry, a mais alta patente em psicologia esportiva dos Estados Unidos, para conseguir entender como podemos dominar a empatia como disciplina. Ela enfatiza que podemos usar a curiosidade como ferramenta para permanecermos empáticos. "Os humanos são a única espécie com três camadas completas no cérebro. Não dá para ser curioso e empático ao mesmo tempo, porque o sangue circula somente por um lugar de cada vez." A parte medial do cérebro, ou sistema límbico,

---

[*] N. da T.: Em inglês, a intuição (*gut feeling*) está associada ao intestino (*gut*).

controla esse fluxo. Quando o ambiente não é ameaçador, o sangue consegue preencher seu lobo frontal, a parte do cérebro que controla o pensamento abstrato, a tomada de decisões e o funcionamento executivo. "Mas, ao ficar emotivo, seja porque você viu um tigre-dentes-de-sabre ou um e-mail com todas as letras em caixa-alta no campo do assunto, a resposta no cérebro é a mesma: ameaça, vou cair fora." O sangue desce, rumo ao seu lugar de sobrevivência.

Para superar esses gatilhos e ter um diálogo não emocional e empático, você precisa estar *comprometido* em querer fazer isso. Para ficar calmo enquanto tenta persuadir, você precisa permanecer *curioso*.

Jenny afirma: "Uma ferramenta útil é fazer, continuamente, perguntas relevantes como: De onde esta pessoa está partindo? O que aconteceu com ela hoje? Por que ela pensa desse jeito? O que há por trás de seus sentimentos?" Essas perguntas servem a dois propósitos: aumentam a perspectiva *e* o fluxo sanguíneo no córtex pré-frontal. "Quando me pego nessas situações, também me pergunto: *Estou discutindo ou comunicando?* Apenas fazer a pergunta, mesmo que não seja em voz alta, mesmo que não haja resposta, confere força suficiente para trazer de volta o fluxo sanguíneo."

EMPATIA EMOCIONAL: O TRIÂNGULO DA MUDANÇA

Empatia emocional é compreender não somente as emoções do outro, mas o *porquê* por trás dessas emoções. Para saber mais sobre isso, encontrei-me com a psicoterapeuta Hilary Jacobs Hendel, autora de *It's Not Always Depression* ["Nem Sempre é Depressão", em tradução livre] porque ouvira falar sobre seu trabalho com o Triângulo da Mudança. Ela criou um modelo que pode nos ajudar a ficar mais antenados com nossas emoções e lidar com elas de maneira produtiva. Dominar as próprias emoções é incrivelmente útil para qualquer um que esteja tentando usar de persuasão em um contexto cheio de potenciais gatilhos. E, mesmo que ela ensine a

PERSUASÃO COMEÇA COM EMPATIA

técnica em termos de desenvolvimento pessoal, suas aulas também se aplicam à persuasão. É assim que Hilary explica o Triângulo da Mudança:

Triângulo da Mudança®

DEFESAS
Tudo o que fazemos para evitar emoções

EMOÇÕES INIBIDORAS
Ansiedade, vergonha, culpa

EMOÇÕES BÁSICAS
Medo, raiva, tristeza, alegria, empolgação, nojo, excitação sexual

ESTADO DE ABERTURA do EU AUTÊNTICO
Calmo, curioso, conectado, compassivo, confiante, corajoso, claro

"Em um lado do triângulo, estão as emoções básicas — tristeza, medo, raiva, alegria, empolgação, excitação sexual e nojo —, as programadas no meio de nossos cérebros e não sujeitas a controle consciente. Estimuladas pelo ambiente, cada emoção principal desencadeia um conjunto de reações fisiológicas que nos prepara para a ação." Ela enfatiza que todas essas emoções são *produtivas*, elas nos dão estímulos para agir, e não devemos fugir delas.

"Depois, do outro lado, estão as emoções inibidoras — vergonha, ansiedade e culpa —, que bloqueiam as emoções principais e não são biologicamente úteis para nós. Na verdade, elas nos impedem de experienciar as emoções de que precisamos para atendermos a nosso propósito."

Em nossa discussão, isso se aplica ao fato de que seu público precisa estar sentindo emoções básicas *produtivas* para ser persuadido. Não precisa ser alegria. Provoque medo, raiva ou nojo nas pessoas e conseguirá atingi-las. Porém, se seu público-alvo está sentindo vergonha, ansiedade ou culpa, ele não estará em condições de ser persuadido.

Na ponta, estão as defesas, tudo aquilo que fazemos para evitar sentir emoções básicas ou inibidoras: piadas, sarcasmo, críticas, distrações, procrastinação, preocupação, pensamento negativo, agressão desorientada, trabalho em excesso, exercícios em excesso, comida demais, comida de menos, automutilação, sexo, obsessões, vícios, tempo demais gasto no celular ou em redes sociais. Hilary continua: "Estas são precisamente as coisas que fazemos para evitar interagir em uma conversa difícil, um debate, ou até desenvolver uma estratégia de comunicação."

O Triângulo da Mudança atua ao ajudá-lo a retornar a suas emoções básicas o mais rápido possível. Quando um evento ou situação faz você ou seu público ficar desequilibrado, primeiro é preciso determinar onde você ou ele está no Triângulo da Mudança: defesa, inibição ou básico. Depois, mover-se em sentido horário ao redor do Triângulo até chegar às emoções básicas, as quais fornecem, por natureza, orientação para paz, perspectiva ou solução.

Quando você está em contato com suas emoções básicas, chega ao que Hilary chama de os quatro Cs: calmo, curioso, confiante e compassivo. Todos esses Cs são exatamente o que é necessário para praticar a persuasão. Sei que, se não sinto nenhum desses Cs, é provável que eu não seja nem um pouco persuasiva.

Conversar com pessoas que não compartilham seu ponto de vista, seja em termos pessoais, políticos ou mesmo no trabalho, trará à tona várias emoções básicas. Mas, se você conseguir ficar em contato com elas — em vez de com o que as mascara —, pode trabalhar *em conjunto com elas* para continuar, ativamente, a escolher a empatia.

No entanto, se você aborda a persuasão a partir do lado defensivo do triângulo — isto é, se está ansioso, fechado ou julgando, ou então praticando a fuga (imagine-se caminhando até o que sobrou

PERSUASÃO COMEÇA COM EMPATIA

da torta no Natal em vez de ter aquela conversa com seu irmão que você tem adiado) —, é pouco provável que a persuasão tenha êxito.

Hilary afirma: "Muito disso tem a ver apenas com consciência. Compreender onde você está e o que está trazendo ao ambiente. Se a pessoa que você está tentando persuadir tem gatilhos acionados e você também, o diálogo não será produtivo. Mas, se consegue ficar presente e atento ao que está acontecendo em seu corpo e projetar calma, então a conversa pode permanecer nos trilhos."

Como preparação, você pode usar o Triângulo da Mudança para fazer uma autoavaliação antes de persuadir. Pode passar um tempo listando todos os seus sentimentos com relação à interação na conversa, debate ou plano de marketing. Como você realmente se sente em relação a seu público-alvo, seu produto ou seu cargo? Se descobrir que está tendo sentimentos inibidores ou suas defesas estão aumentando, é preciso trabalhá-los antes de interagir. Se, por outro lado, sente emoções básicas e está de mente aberta, está pronto para começar.

Você também pode usar o Triângulo da Mudança para entender os sentimentos da(s) pessoa(s) que está tentando persuadir. Trabalhar para compreender os sentimentos dela(s) em resposta à sua questão, cargo, produto ou empresa será crucial para o sucesso de seu Plano de Persuasão.

Trabalhamos com um cliente que gerenciava planos de aposentadoria. Eles não conseguiam entender por que nem todo mundo investe neles. Para eles, faz sentido: a cada ano que você não poupa, é mais difícil compensar mais tarde. Quando você começa a poupar, sequer notará a mudança no seu salário. Os argumentos deles eram todos lógicos. E era sobre isso que queriam conversar com os clientes. Quando perguntamos a eles o que achavam de pessoas que não contribuíam todo ano, a resposta foi: "Elas estão mal-informadas. Como poderiam cogitar a possibilidade de deixar a oportunidade passar?" Então, perguntamos a eles: "Como se sentem ao conversar com pessoas mal-informadas?" Eles se sentiam ansiosos.

A ansiedade é uma emoção inibidora que impede as pessoas de ficarem curiosas e, portanto, de obter a resposta certa.

Depois, conversamos com as pessoas sobre como se sentiam por ter dinheiro descontado de cada pagamento. Disseram: "Primeiro, a aposentadoria está *beeeem* longe. Pagamentos de hipoteca, boletos, creche etc. chegam toda semana. Então, como dar conta de poupar sequer um real?" Eles evitavam abrir o comunicado do plano, ignoravam e-mails oferecendo incentivos e estavam tão ansiosos a respeito do próprio futuro que não conseguiam nem pensar nisso. Tudo em que conseguiam pensar era no hoje.

Sem empatia, o que aconteceu? A empresa financeira enviava uma lista de fatos sobre por que investir agora. E os participantes continuaram deletando os e-mails e jogando fora os envelopes. Não houve persuasão alguma. Mas, quando a empresa financeira compreendeu que, para os participantes, o presente era mais importante que o futuro — foi aí que conseguiram elaborar um Plano de Persuasão capaz de ajudar os funcionários a investir mais dinheiro sem sacrificar as coisas que precisavam ser feitas hoje.

EMPATIA EMOCIONAL NA PRÁTICA

Empatia emocional exige contato com os próprios sentimentos *e* com os sentimentos da pessoa ou do grupo de pessoas com quem está interagindo. Ela exigirá que você permaneça curioso e aberto. Portanto, eis as chaves para a prática da empatia emocional.

CHAVE 1. ATENHA-SE A SUAS EMOÇÕES SOBRE SEU TEMA, PRODUTO, CARGO OU EMPRESA

Primeiro, visualize uma situação específica em que você interagirá com seu público. Então, descreva como se sente, emocional e fisicamente; pense em todas as sensações desconfortáveis. Seus sentimentos são produtivos ou não? Use o Triângulo da Mudança para chegar às emoções básicas. Perceba quais comportamentos podem ser sinal de fuga. Perceba quais sentimentos podem ser barreiras à sua curiosidade. Tente trabalhá-los até conseguir ficar com a mente aberta.

CHAVE 2. ATENHA-SE À SUA MISSÃO

Os dois psicólogos que entrevistei para este livro falaram sobre a importância de uma missão clara para se ter como âncora. Para ter sucesso, você precisa de um objetivo específico, que trabalhamos no Capítulo 1. Agora, memorize sua missão e faça dela seu mantra. À medida que passa pelo processo, pergunte-se continuamente se sua mensagem e comportamentos estão deixando você mais perto do cumprimento de sua missão.

CHAVE 3. ATENHA-SE ÀS EMOÇÕES *DELES*

Antes de fazer anotações, antes de entrar em um debate real, antes de criar um plano de marketing, é preciso conversar com pessoas que têm a opinião que você está tentando mudar. Se está tentando vender um produto novo, fale com as pessoas para quem você está vendendo-o. Se está tentando modificar a reputação de sua empresa após uma crise, fale com aqueles que sentem que foram enganados. Se está concorrendo às eleições, saia e converse com eleitores. Se está tentando persuadir alguém sobre porte de armas, tenha uma conversa com alguém que seja muito a favor.

Mas que fique bem claro: essa conversa não é para fazê-los mudar de ideia. O objetivo dessa conversa é apenas ouvir. Compreender. E evitar julgamento. De acordo com Hilary, o julgamento é uma defesa para a qual desviamos quando não estamos à vontade. Independentemente do que você pensa que sabe e das suposições que está fazendo, tente interrompê-las.

EMPATIA COM BASE EM VALORES

Conforme explicado pelo psicólogo social Jonathan Haidt em seu livro *A Mente Moralista*, toda comunicação se baseia em valores. A teoria das fundações morais, que ele desenvolveu com Craig Joseph e Jesse Graham, postula que humanos têm seis fundações morais inatas: cuidado/dano; equidade/trapaça; lealdade/traição; autoridade/subversão; pureza/degradação; liberdade/opressão.

Usando como guia o yourmorals.org [conteúdo em inglês], o site desenvolvido pelos psicólogos sociais que inventaram essa teoria, tentarei destrinchar um pouco mais esses valores para você.

- Cuidado/dano: Esta fundação sustenta as virtudes de bondade, gentileza e acalento. Esse é o valor essencialmente relacionado a programas como bem-estar, porte de armas, assistência médica universal e subsídios. Nas empresas, esse valor com frequência entra em cena no tratamento de funcionários.

- Equidade/trapaça: Esta fundação ocorre em questões de justiça, ou no que acreditamos que é justo ou certo. A pergunta a que você estaria buscando responder aqui é se uma pessoa, grupo ou empresa agiu injustamente ou se um grupo foi tratado de maneira diferente de outro. Esse valor aparece com frequência no mundo corporativo.

- Lealdade/traição: Esta fundação remonta à nossa história tribal, e entra em cena com o patriotismo e a abnegação. A pergunta a que você estaria buscando responder é se as atitudes de uma pessoa, grupo ou empresa foi leal a seu grupo.

- Autoridade/subversão: Esta fundação aparece em assuntos de liderança e respeito às tradições. A pergunta a que você estaria procurando responder aqui é se uma pessoa, grupo ou empresa demonstrou falta de respeito por autoridades, não se conformou com as tradições ou provocou caos e desordem.

PERSUASÃO COMEÇA COM EMPATIA

- Pureza/degradação: Esta fundação provém de nossa emoção básica de nojo. A questão a que você estaria buscando responder aqui é se uma pessoa, grupo ou empresa violou padrões de decoro, se fizeram algo compreendido como "nojento". Esse valor esteve em cena ao longo do movimento #MeToo, conforme o tratamento dispensado a mulheres por homens poderosos veio à tona.

- Liberdade/opressão: Esta fundação trata de nossa antipatia generalizada por aqueles que obstruem e restringem a liberdade e sua motivação para a solidariedade. Esse valor com frequência é expresso por libertários, e a questão a que você estaria procurando responder aqui é se uma pessoa, grupo ou empresa negou os direitos deles.

Para entender mais sobre como isso funciona na prática, entrevistei Matt Motyl, diretor-executivo do CivilPolitics.org, que fundou com Jonathan Haidt e Ravi Iyer. Além disso, Matt também é o diretor de pesquisas na OpenMind e professor-assistente na University of Illinois em Chicago, na qual é psicólogo social. Ele estuda o que torna tão difícil a comunicação com pessoas que têm pontos de vista morais, políticos ou religiosos diferentes e o que pode ser feito para aprimorar a qualidade da comunicação intergrupal. Ele desenvolveu um trabalho extenso sobre a teoria das fundações morais e como ela entra em cena no mundo da política. Ele afirma: "Temos chamado-o informalmente de 'efeito falar depois'. Pedimos a pessoas que leiam um ponto de vista diferente do delas ou similar ao delas, mas sobre um tópico neutro, controlado. O que estamos descobrindo é que elas não conseguiam se lembrar de detalhes dos argumentos contra-atitudinais, mas eram realmente boas em se lembrar de detalhes do argumento pró-atitudinal. É o equivalente a crianças pequenas tampando os ouvidos e fazendo *lá-lá-lá*."

Uma das coisas que ele descobriu em sua pesquisa pessoal é que a maioria não conversa com pessoas do outro lado com tanta frequência. Quando essas conversas acontecem, estamos, essencialmente, falando linguagens diferentes. Em um estudo feito sobre casamentos entre pessoas do mesmo sexo, ele observou a linguagem que ambos os partidos usavam ao elaborar os próprios argumentos. O que ele descobriu foi que liberais elaborariam os próprios argumentos pró-LGBTQ+ em termos de justiça, igualdade e dano a indivíduos. Ao mesmo tempo, na maioria das vezes os conservadores argumentavam em termos de sacralidade do casamento e manutenção da pureza da instituição. Se um lado está dizendo que é injusto, mas o outro lado sequer pensa no assunto em termos de justiça, eles terão uma verdadeira dificuldade para se entender, porque nem mesmo conseguem fazer a linguagem combinar.

Ele afirma: "Ao ter uma conversa similar sobre o ambiente, estamos descobrindo que eram os liberais que estavam usando o argumento com base na sacralidade, pensando na pureza ambiental e na mãe terra. Conservadores, por outro lado, argumentavam em termos de justiça. Eles diriam que não é justo para as empresas que restringissem a construção de coisas como o Gasoduto Keystone."

O que ele e seus grupos estão tentando fazer é ajudar as pessoas a perceber que o outro lado não é necessariamente mau, irracional ou ignorante. Ao contrário, eles estão tentando levar as pessoas a pensar nos motivos por que alguém pode pensar diferente, a habilidade essencial para a persuasão.

A empatia com base em valores se estende além do mundo moral e político de Jonathan Haidt para o mundo cotidiano de como clientes interagem com as empresas com as quais fazem negócios. De seu trabalho sobre reputação corporativa, Michael Maslansky define um conjunto que ele chama de *narrativas negativas*. Essas narrativas se alinham às fundações de Haidt, mas são vistas por uma ótica diferente. Por exemplo, quando clientes são expostos a novas histórias sobre questões de segurança de produtos, a pesquisa de Maslansky mostra que eles presumirão que a empresa "põe os lucros acima da segurança". Com base em fatos muito limitados, os clientes chegarão a conclusões negativas sobre as empresas: elas estão escondendo algo; abusando do próprio poder; ou tentando evitar responsabilidade. Essas narrativas recorrentes podem ser antecipadas. Compreender como os clientes estão interpretando uma situação pode ajudá-lo a comunicar o que realmente é importante para eles.

EMPATIA COM BASE EM VALORES NA PRÁTICA

Seja na política ou nos negócios, para traduzir sua linguagem para a de seu público, você precisa, em primeiro lugar, saber qual valor relacionado a esse tema você considera mais importante. E, em segundo lugar, identificar qual valor é mais importante para seu público-alvo. Por exemplo, se você está lutando por uma lei mais rigorosa sobre porte de armas, provavelmente está focado na segurança das pessoas, inclusive a sua e de seus filhos. Portanto, seu valor principal seria cuidado/dano. Mas qual valor é mais importante para quem apoia o porte de armas? Se analisar os argumentos dessas pessoas —"Você não pode tirar minhas armas", "Não quero que o governo me diga o que fazer", "Tenho o direito de portar armas" —, você verá rapidamente que elas estão preocupadas sobretudo com liberdade/opressão. Ao compreender isso, é possível começar a esboçar seus argumentos sobre o valor mais importante para eles, não para você.

Se está tentando reconstruir a reputação de sua empresa após uma crise, é comum ficar na defensiva. Em vez disso, você precisa compreender o principal valor a que traiu. Se é um problema de tratamento de funcionários, precisa abordar o dano/cuidado ou o valor apropriado.

O motivo por que é tão importante compreender tanto seu valor principal quanto o da(s) pessoa(s) com quem está conversando é impedi-lo de ficar na defensiva ou de dizer algo como "Mas não é disso que se trata". Se você se encontrar nessa situação, é um sinal claro de que perdeu a empatia, porque, para a pessoa que você está tentando persuadir, é *exatamente* disso que se trata.

Quando estávamos tentando persuadir nosso cliente de bebidas a contar a história original de sua vodca ou o Banco da Rua Principal a abordar a sensação de traição de seu público, tivemos que persuadi-los a usar a mesma tática empática.

O valor deles poderia ter sido a justiça: "Somos uma empresa também. Temos que fazer dinheiro para continuar pagando todos os que trabalham para nós e continuar a fabricar nosso produto." Para persuadi-los, nosso ponto de partida foi respeitar seu valor moral. Dissemos: "Você está absolutamente certo, vocês são uma empresa e, como tal, totalmente autorizados a priorizar suas necessidades financeiras. *Mas* vocês nunca vão aumentar sua contabilidade e sua fatia de mercado se não compreenderem como seu público está percebendo-os e abordar as preocupações deles." Portanto, reconhecemos e respeitamos seu valor, a justiça, e então apresentamos o valor dos clientes, o cuidado.

Isso pode ser particularmente desafiador para alguns de nossos clientes de tecnologia. A comunidade do Vale do Silício valoriza dados. Com frequência, eles descobrem a melhor maneira de fazer algo em termos empíricos e científicos, e não conseguem compreender quando apenas esses dados não são suficientes para persuadir os usuários. Carros sem motorista são um exemplo excelente. De acordo com os dados, esses carros salvarão vidas. Mas a maioria das pessoas tem medo deles, e nós gostamos de dirigir. Em geral, tomamos mais decisões com base na emoção do que na razão, e respeitar isso pode ser um desafio para marcas de mentalidade mais científica.

A Apple, pelo contrário, compreendeu que, para adentrar nas vidas das pessoas, a tecnologia teve que começar a *parecer* mais amigável. Em seu primeiro iMac, eles usaram cores e formas para transformar superficialmente em amigo um produto que, antes, fazia boa parte das pessoas se sentirem desconfortáveis.

PERSUASÃO COMEÇA COM EMPATIA

O computador pessoal se tornou pessoal de verdade — quando não totalmente fofo. Como chegaram a isso? Respeitando os medos de seus clientes e, então, trabalhando para dissipá-los. Se a Apple tivesse continuado a olhar para computadores pela sua própria ótica, teria perdido essa significativa oportunidade de marketing.

EMPATIA COM BASE EM COMPORTAMENTO

Empatia com base em comportamento tem tudo a ver com entender por que as pessoas fazem o que fazem. Tim Urmston estava trabalhando com uma empresa farmacêutica para tentar descobrir por que mães jovens com diabetes tipo 2 não se injetavam insulina à noite, embora soubessem que o resultado para a saúde seria melhor se o fizessem. Também fizemos muitos trabalhos relacionados a diabetes, e uma das coisas mais dolorosas que percebemos foi como médicos e farmacêuticos têm pouca empatia por pessoas com diabetes tipo 2. Eles não conseguem entender por que diabéticos não perdem peso ou se exercitam mais. A equipe de Tim desejava romper essas noções preconcebidas para chegar à verdade. Porque é claro que essas pacientes queriam ser mais saudáveis e disponíveis aos filhos. Tinha de haver alguma outra coisa acontecendo.

Então, ele levou a equipe a campo para observar essas mães voltando para casa do trabalho, buscando os filhos no treino e fazendo o jantar. Após algumas horas, a equipe perguntaria: "Por que não tomou o remédio?" A resposta seria: "É a confusão. Esqueci."

Tim afirma: "Isso é um insight. Você pode avançar com esse insight. Eu o chamo de insight não empático ou insight tradicional. Você pode sair por aí e inovar todo tipo de coisa para ela [a mãe] em relação a lembretes, apps para celular, um alarme no pacote. Empresas farão isso. Elas se apropriarão desses insights tradicionais e criarão coisas com eles."

Em vez disso, o que a equipe fez foi observar todos os dados que coletaram das mães, tentando se imaginar na pele delas, fazendo uma pausa bem no meio de uma rotina caótica à noite para injetar uma agulha no braço. O resultado foi uma narrativa diferente: "Sempre que coloco aquela agulha no meu braço, sou lembrada de que estou doente. Por favor, não me lembre de que estou doente na frente dos meus filhos." Isso levou a inovações em termos de emplastros, bombas e remédios para prolongar a vida. Depois, eles focaram mensagens que diziam: "Sou uma heroína por cuidar de mim mesma." Ao olhar para a situação da perspectiva da mãe, eles conseguiram persuadi-la a tomar o remédio que prolongaria sua saúde.

Trata-se de burlar o insight racional — um alarme de celular — e se perguntar: *O que a outra pessoa sente?*

EMPATIA COM BASE EM COMPORTAMENTO NA PRÁTICA

Nem todos nós temos tempo ou recursos para fazer um estudo etnográfico completo como Tim fez. Então, deixe-me oferecer a você uma ferramenta diferente. Para a empatia com base em comportamento, seu objetivo é simples: saiba por que seu público faz o que faz em relação a seu tema, produto ou empresa. Para fazer isso, encontre alguém de seu público-alvo com quem conversar; então, adote a mentalidade de um jornalista anotando fatos sem julgamento.

Veja algumas coisas ensinadas pela Dra. Jenny Susser que você pode fazer a fim de lhe assegurar que vai extrair o máximo das discussões.

- **Seja consciente.** Sobretudo em relação a gatilhos que tenha. Todos nós processamos informações pela ótica de nossa própria experiência e relacionamos o que ouvimos a algo que já conhecemos. Infelizmente, quando se trata de escuta empática, talvez tiremos conclusões rápido demais. Talvez não deixemos alguém terminar de explicar a própria perspectiva antes de rotularmos o que ouvimos e, como resultado, julgar sua experiência. Para interagir em uma escuta empática, precisamos parar de ouvir nossos próprios pensamentos e ouvir de fato nosso público. Se vierem julgamentos à mente, deixe-os ir e use perguntas que comecem com *por que,* para uma compreensão mais profunda — não de um jeito combativo, mas com interesse sincero e curiosidade. Busque saber quem eles realmente são e por que dizem o que dizem.

- **Não deixe o estilo de comunicação deles influenciar você.** Não os julgue se falarem com sotaque ou usarem várias palavras de preenchimento, como *hum* ou *tipo*. Não se deixe levar pelo atrevimento ou energia excessiva, ou ser dissuadido por timidez ou muito pouca energia. Todas essas coisas podem impedir sua escuta autêntica. Com frequência, nos concentramos em *como* alguém está dizendo algo, em vez de no que está dizendo. Ou então nossos gatilhos são ativados, ou ficamos aborrecidos. Perceba que, se você está começando a julgar a pessoa, talvez seja porque está reagindo ao estilo de comunicação dela. Não se distraia com as coisas menores; permaneça focado em compreender o significado do que ela está lhe dizendo.

- **Fique totalmente focado.** É preciso energia mental e força de vontade para ter foco. Isso significa que você não pode fazer várias coisas ao mesmo tempo. Nada de e-mails. Nada de mexer no celular. Pessoalmente, encare a pessoa e olhe-a nos olhos. Ao telefone, não tenha um notebook ou qualquer outra tela à sua frente. Além disso, porque a parte do cérebro que nos mantém na tarefa funciona à base de glicose, não chegue com fome à conversa. Se puder, grave-a para voltar e ouvi-la de novo. Durante a conversa, nada mais importa. Se está conversando com pessoas que já conhece, finja que nunca conversaram e que seu trabalho é saber tudo o que conseguir delas.

- **Faça perguntas esclarecedoras.** Vá devagar. Não chegue a conclusões precipitadas. Mesmo que com frequência suponhamos coisas ao aprofundarmos essas conversas, quase sempre descobrimos que estávamos errados. Por exemplo, eu estava fazendo grupos de foco com republicanos sobre por que eles queriam cortar gastos com programas educativos na primeira infância. Eu poderia presumir que eles simplesmente não se importavam. Que não tinham coração. Porém o que soube foi que eles queriam, e muito, dar a cada criança uma oportunidade de ser bem-sucedida, mas, ao ouvirem os temos *bem-estar* ou *gastar*, automaticamente se fechavam. Quando mudamos a linguagem de "Patrocine o Head Start, o último programa em vigor da War on Poverty" para "Patrocine o investimento na juventude pelo Head Start, a fim de assegurarmos que cada criança tenha oportunidade de ser bem-sucedida", tivemos um resultado totalmente diferente. Não era porque não tinham coração, mas porque tinham visto programas da War on Poverty fracassarem. Tinham visto gastos em excesso. Eles teriam preferido fornecer ferramentas para o sucesso. E sabe de uma coisa? Mudamos a linguagem e o patrocínio financeiro permaneceu, apesar da liderança do Partido Republicano no Congresso norte-americano. Então, peço a você que invista tempo perguntando *por que* sem julgar de início. Esse é o caminho real para a mudança.

O que perguntar:

1. O que você pensa hoje sobre o tema/produto/serviço?
2. Qual é sua experiência com o tema/produto/serviço?
3. Onde você soube a respeito dele?
4. Com quem já conversou sobre este tema/produto/serviço?

5. Em geral, quem o influencia?
6. Onde você obtém informações?
7. Como este tema/produto/serviço impacta sua vida diária?
8. O que é importante para você neste tema/produto/serviço?
9. Você está aberto e receptivo a novas ideias? Por que ou por que não?
10. Qual é o seu *porquê* em sua colocação? (Embora seja a última pergunta, provavelmente é a mais importante de todas.)

EMPATIA ATIVA: TUDO JUNTO E MISTURADO

Muitas vezes, ficamos frustrados com nosso público-alvo quando ele não nos compreende. Quando não ouve. Vou lhe contar o que contamos a nossos clientes: se não conseguem ouvir você, não é culpa deles. É somente quando você conhece seu público tanto quanto conhece a si mesmo, seu produto ou sua empresa que começa a se comunicar com ele. Em um mundo repleto de desordem, conteúdos, anúncios e ruído, você tem de encontrar um jeito de abrir passagem. Seu público-alvo está a apenas um clique, deslize, busca ou e-mail de distância da informação que dialogará com ele. Se você não atender às necessidades dele, eles encontrarão o conteúdo que lhes falará diretamente — e talvez isso não beneficie você. Nunca é demais destacar esta questão: *persuasão é um ato de empatia*. Exige comprometimento e foco total. Exige disciplina e energia. Mas, se fizer a coisa certa, valerá a pena, porque, ao compreender o outro de verdade, você conseguirá interagir e mudar comportamentos. Então, se não assimilar mais nada deste livro, peço o favor de deixar as informações deste capítulo mudarem a forma como aborda a persuasão. O esforço valerá a pena, eu prometo.

4

OUVINDO OS HATERS

O tolo não tem prazer no entendimento, mas sim em expor os seus pensamentos.

—PROVÉRBIOS 18:2

Se o capítulo anterior foi sobre assegurar que esteja em um estado mental empático ao usar de persuasão, este aqui é o desenvolvimento dele. Porque é agora que vamos falar sobre seus caluniadores, seus haters, seus trolls. Mesmo assim, ainda pedirei que mantenha um estado mental empático. Na verdade, é *essencial* que você o faça. Achamos fácil ter empatia por quem concorda conosco. Mas o ponto falho de nossa cultura reside na habilidade de sentir empatia por pessoas que têm pontos de vista opostos.

É aqui que a coisa começa a parecer pessoal. Também vale para quando estou dando feedback sobre uma marca ao CEO dela. Na maioria das vezes, estou falando de um produto que os CEOs não inventaram, que foi fabricado e distribuído por outras pessoas, mas ainda assim eles recebem o feedback negativo como se eu tivesse acabado de falar que seu corte de cabelo está horroroso ou que seu cachorro é esquisito. Dói. *Parece* que seria bem fácil perguntar: "Certo, então o que eles acham de mim, para começar?" Mas adivinhe? É mais delicado que isso, exige mais vulnerabilidade que você imaginaria, e a maioria das pessoas fica muito mal ao receber feedback negativo.

É importante ter em mente que este ainda é o mesmo grupo que você estava conhecendo no Capítulo 3. Você não pode se fechar às opiniões e aos valores dele só porque, no momento, não se alinham com os seus. Ao longo desse processo, temos que continuar a tentar conhecer o outro e ter coragem.

Emile Bruneau, neurocientista cognitivo da Universidade da Pensilvânia, é especialista em empatia e descobriu que é muito mais difícil senti-la por alguém de quem você tem tendência a discordar. Em "The Brain's Empathy Gap" ["O Deficit de Empatia no Cérebro", em tradução livre], um artigo da *New York Times Magazine*, Bruneau explica: "Ao pensar em um inimigo, a mente gera um 'deficit de empatia'. Ela emudece o sinal da empatia, e esse mutismo nos impede de nos colocarmos na pele de quem consideramos ser o inimigo." Se não gostamos da pessoa que estamos buscando persuadir, ficamos inclinados a suprimir, inconscientemente, sentimentos empáticos em relação a ela. Isso significa que devemos fazer um esforço consciente para exercer a empatia. Não acontece de forma espontânea.

Recentemente, uma amiga estava em uma discussão acalorada com o pai, de 72 anos, porque ela queria tornar algumas tradições de feriados mais inclusivas para a família do marido, que tinha crenças diferentes. As coisas estavam ficando meio feias na casa de minha amiga quando sua filha de 8 anos interveio. "O vovô tem um jeito de fazer as coisas, e não faz mal. Papai tem outro jeito de fazer as coisas, e não faz mal. Você está tentando deixar todo mundo feliz, e não faz mal. Mas todos são diferentes e todo mundo pode ter sentimentos diferentes."

Todos riram, porque a filha estava cem por cento certa. Eles vinham tentando descobrir quem estava certo e quem estava errado, o que sempre é uma proposição falha, em vez de conversar um com o outro sobre o que era importante para cada um e por quê. Quando fizeram isso, descobriram que havia coisas que o avô esta-

OUVINDO OS HATERS

va disposto a deixar de lado, o que abriu espaço para os eventos que o genro valorizava, e as tradições evoluíram. No fim, todo mundo se sentiu percebido, ouvido e respeitado.

Neste capítulo, lhe ensinarei como se comunicar e se conectar com seus haters e, sim, como persuadi-los (alguns) a mudar de sintonia, e ao mesmo tempo respeitar a essência deles e o que os torna diferentes.

Podemos quebrar muito mais barreiras neste país do que estamos quebrando se falarmos com eles tendo em mira a conexão e a educação bilateral em vez de "Vou ensinar essa pessoa que ela está errada e eu estou certa". Essa abordagem nunca funciona. Vai contra nossa neurobiologia e aprofunda o conflito.

Porém saiba disto: nada que vou sugerir nesta seção é fácil, para ninguém. Ouvir críticas aciona gatilhos. Ouvir crenças opostas também pode acionar. Em prol do objetivo que você identificou na Parte 1, pedirei que não se deixe afetar e não se esqueça de respirar. E lhe oferecerei algumas técnicas úteis para se manter objetivo e receptivo, mesmo diante de um ataque.

Como a persuasão tem a ver com o favorecimento da conectividade, precisamos nos lembrar de que, não importa quem está sentado à nossa frente, temos bem mais em comum do que talvez pensemos.

UMA PALAVRA SOBRE A CRÍTICA

Antes mesmo de descobrir onde seu público está no espectro da adulação à condenação, você deve se conformar com uma coisa: nunca será possível convencer todo mundo de tudo que quer, e, por vezes, o progresso gradual é suficiente. Você tem que ser realista a esse respeito quando observa mais de perto seus caluniadores, porque está adentrando um território polêmico. Há risco envolvido e, com o risco, vem a desvantagem. Johan Jørgen Holst, que ajudou a negociar os Acordos de Oslo, afirmava que o erro cometido pela maioria das pessoas em negociações é tentar fazer o público ir de A a Z: "Você só está tentando fazê-los ir de A a B." Tem que ir por etapas.

A maneira como explico isso a meus clientes é que, se nosso país não tivesse dado pequenos passos em relação ao casamento gay, não haveria casamento gay. Primeiro, as pessoas a favor começaram dizendo: "Queremos nos certificar de que os gays tenham direitos iguais", o que levou à proteção igualitária perante à lei. Depois, "Queremos dar aos gays a união civil", o que levou à evolução da lei. Se não fosse por esses dois passos graduais, não teríamos chegado à igualdade matrimonial, porque a percepção teria sido a de que havia muito o que temer. Foram diversas etapas que levaram a acontecimentos grandiosos.

É claro, não é preciso dizer que isso pode ser altamente frustrante e um teste de paciência quando você só quer chegar logo ao seu objetivo. Sobretudo quando o assunto é direitos humanos. As pessoas dizem: "Por que deveríamos ser pacientes? Por que alguém com ódio no coração limitaria meus direitos ou liberdades?" Mas isso também é uma suposição. Quando estamos falando de persuasão, devemos nos ater com firmeza à crença de que *todas* as opiniões podem evoluir.

Além disso, não significa que você está fazendo algo errado só porque está sendo criticado. Na verdade, depois de todos esses anos trabalhando com persuasão, eu alegaria que, se está lidando com alguém negativo ou um hater e sofre uma retaliação, provavelmente está acertando em algo; está assumindo uma posição. E esse é o futuro da comunicação. Ficar nos bastidores bancando o calminho não funciona mais.

OBTENDO REFERÊNCIAS

A primeira coisa que precisamos fazer é descobrir como nosso público se sente *neste momento* em relação a nós/nossa proposta/nossa empresa/nosso produto. O retrato do ponto de partida precisa ser exato para que se saiba exatamente quão longe devemos ir.

OUVINDO OS HATERS

Se está tentando persuadir em termos pessoais, você pode pedir um feedback por e-mail ou cara a cara. Mas saiba que sua responsabilidade é receber esse feedback de maneira neutra. Você tem como missão apurar fatos, portanto não vai querer pular na jugular de alguém ou inibir a honestidade dele(a). Você não quer que as pessoas digam exclusivamente o que quer ouvir e, depois, votem contra você quando interessa. Aliás, eu não uso *votar* no sentido puro da palavra. Ela pode se aplicar à sua casa ou à próxima reunião de equipe.

Se está propondo algo para a empresa inteira, tente usar um serviço como o SurveyMonkey para solicitar feedback anônimo sobre seu desempenho ou propósito. Se você for uma empresa ou marca, grupos de foco são a melhor maneira de reunir dados honestos de seu cliente-alvo.

De posse de seu feedback, os que responderam se dividirão em quatro grupos. O primeiro é o de seus fãs. Nós os amamos, mas eles não são sequer figurantes neste capítulo. A segunda categoria serão as pessoas que não pensam nada de você. Elas não o conhecem, não estão pensando em você; você não está sequer no radar delas. O terceiro grupo é o daqueles que têm uma opinião negativa sobre você, mas ela não é, necessariamente, emocional. Tem mais a ver com acharem que seu produto ou posição não funciona, ou pensam que sua marca é medíocre ou que você não é tão inteligente. O quarto grupo é o mais desafiador de lidar, mas que está crescendo na prevalência: os haters. Nós nos tornamos uma sociedade definida, na maior parte, pelo que odiamos e pelo que amamos. Um hater é alguém que tem uma opinião arraigada sobre você, e esta é a pessoa que mais focamos na política. Porque, na verdade, não existe mais o cinza. O mundo é visto ou como preto ou como branco. Você está comigo ou está contra mim e, se está contra mim, deve ser mau, portanto devo odiá-lo, certo?

Essa categoria é reservada para assuntos políticos, espirituais, de valores ou que tenham significado para a vida das pessoas. No âmbito corporativo, pode ser uma violação de dados que impactou milhões de pessoas e sua identidade foi roubada, resultando em custos pessoais para você. A casa de seu vizinho foi a leilão e, portanto, você odeia o banco que fez isso. Também abarca os temas mais inflamados que estamos enfrentando como sociedade: aborto, armas e o meio ambiente. Mas, antes de abordarmos como fazer progressos nesses abismos tão profundos, primeiramente vamos discutir sobre os que não têm opinião e os que têm uma opinião negativa (lembre-se: não vamos falar sobre os fãs).

SEM OPINIÃO

Empresas e pessoas tendem a ignorar aqueles cuja referência é não ter opinião alguma sobre nós. É da natureza humana sair à caça do filho pródigo, ou do que fugiu. Ficamos tão focados em satisfazer aqueles que nos apoiam ou silenciar nossos caluniadores que, com frequência, esquecemos que as pessoas sem opinião são um prato cheio para a persuasão. Portanto, considere conversar com essas pessoas que não têm opinião e que são frequentemente descartadas e pergunte a elas: "*Por que* você não tem opinião sobre nós? Como podemos corrigir isso?"

Se enviar sua pesquisa e os resultados mostrarem que a maioria das pessoas não tem opinião alguma sobre você ou seu propósito, é sinal de que há trabalho a fazer para divulgar sua mensagem; mas esta também é uma oportunidade real. Vemos isso frequentemente com fundos de investimento, anuidades e empresas de tecnologia, ramos de atuação em que quem está dentro se esquece de que quem está fora talvez tenha bem menos interesse neles do que pensam. Pessoas que lidam mais de perto com esses produtos muitas vezes ficam chocadas ao saber que o cidadão comum não tem uma opinião formada sobre seu produto financeiro ou tecnológico. Constantemente preferem focar pessoas que já estão por dentro desse tipo de produto.

Mesmo que seja, sim, importante persuadir as pessoas que estão buscando ativamente esse produto, também é importante recrutar aquelas que, para começar, nem sequer sabiam que ele estava no mercado.

Mas esse é o trabalho das partes três e quatro. Chegaremos lá. Enquanto isso, vamos focar as duas últimas categorias, porque é nelas que está o trabalho árduo.

OPINIÃO NEGATIVA

> Reagir com raiva e irritação não aumentará sua habilidade de persuadir. —RUTH BADER GINSBURG

Durante os primeiros dez anos ou mais em que fiz este trabalho, era corriqueiro ignorar por completo os haters e as críticas. Eu fazia grupos de foco e começávamos a avaliar os candidatos para ter certeza de que tínhamos as pessoas certas na sala. Uma das coisas que os clientes queriam avaliar era a opinião delas sobre o produto, a empresa ou o tema. Usaríamos uma escala de positividade de 10 pontos, e a atitude geral era que não valia a pena ter na sala quem estivesse pontuando de 0 a 3, porque pensávamos que esses já tinham tomado uma decisão.

Então, era só não recrutarmos essas pessoas. Mas os tempos mudaram. Nas redes sociais de hoje, um ambiente sempre plugado, não podemos ignorar haters. E agora sabemos que podemos convencê-los se interagirmos com eles do jeito certo. Ignorá-los por completo é uma perda enorme de oportunidades e um dos principais fatores determinantes que levam ao que chamamos hoje em dia de *efeito câmara de eco* na política. Pessoas se sentem mais à vontade ao ouvir vozes diferentes no próprio coral do que pontos de vista opostos.

A parte trágica dessa ótica é que, quando você é eleito para qualquer cargo, representa *todos* os cidadãos, não somente os que votaram em você, não somente os que concordam com você. Então, se nunca reserva tempo para ouvir e compreender quem discorda de você, como pode representar os interesses deles? É mais provável que não o fará... e o abismo se aprofunda.

A outra prática corriqueira era evitar o risco de fazer ou dizer qualquer coisa que pudesse ser interpretada como polêmica, a fim de evitar retaliação. Gerenciávamos grupos de foco para ter certeza de que o anúncio que a empresa queria fazer ou a campanha que estava prestes a lançar não criaria nenhum caso. Ninguém queria arriscar afastar um cliente em potencial.

Hoje, o clima é muito diferente. Marcas que não expressam um ponto de vista, inclusive em temas que nada têm a ver com seu produto, podem parecer suspeitas aos olhos dos clientes.

Após o massacre na Marjory Stoneman Douglas High School em Parkland, Flórida, a Dick's Sporting Goods se pronunciou e retirou anúncios de abrangência nacional dizendo que fariam sua parte para apoiar a posse de armas responsável, cessando a venda de rifles de assalto e aumentando a idade mínima para a compra para 21 anos. Isso nunca teria acontecido até poucos anos atrás, porque seria visto como um enorme risco de potencial afastamento de seus consumidores membros da NRA [Associação Nacional de Rifles].

Em vez de se pronunciarem publicamente, empresas assinavam, em particular, cheques gordos para apoiar aquilo em que acreditavam. No escritório, tinham o maior trabalhão e gastos para nos contratarem para organizar esses grupos de foco e, depois, testar a versão mais conservadora de sua mensagem. No fundo, estavam dizendo: "Estamos lançando esse produto novo que provavelmente você já quer", e as pessoas na sala respondiam: "Parece ótimo, porque vocês já nos selecionaram de antemão por sermos as pessoas que provavelmente o quereriam." Foi um feedback em loop e nada de extraordinário aconteceu.

Hoje, mais da metade dos norte-americanos pensa que o mundo corporativo, não o governo, dos Estados Unidos vai fazer uma mudança real no país, então a expectativa é que empresas e líderes tomarão uma posição e as decisões difíceis. No passado, o maior risco era dizer alguma coisa e hoje em dia o maior risco é não dizer nada. De acordo com o levantamento de 2018 da Cone/Porter Novelli, 78% dos norte-americanos comprarão uma marca pela primeira vez com base exclusivamente na opinião que ela tem sobre um tema polêmico. Metade das pessoas faz compras com base nas crenças ou valores das empresas. Cinquenta e um por cento serão compradores mais fiéis de uma marca que se manifesta em comparação a outras que mantêm silêncio, e 48% defenderão e protegerão uma marca que se manifeste e criticarão as concorrentes que não o fazem. Trinta por cento estão comprando ou boicotando mais produtos do que em 2014. Tudo isso é sinal de que chegamos a um ponto em que você terá que se arriscar e, ao arriscar, nem todo mundo vai concordar com você.

Até o momento, instintivamente dizíamos, em nossa vida pessoal ou profissional: "Não vamos falar com eles, porque 'haters sempre serão haters'." Porém, ao pensar em uma questão como o porte de armas, quer você seja a Dick's Sporting Goods ou uma das Million Mom Marches [Milhões de Mães em Marcha, em tradução livre], se não conversarmos com haters, nunca teremos mudanças, porque, de acordo com uma pesquisa da Quinnipiac University divulgada em 2018, 97% dos norte-americanos apoiam a exigência de verificação de antecedentes criminais para todos os que compram armas. Isso quer dizer que o debate está sendo retido por ruidosos 3%. Se não persuadirmos os legisladores de que eles precisam defender os 97%, a mudança significativa nunca acontecerá.

PERSUASÃO

PERSUADINDO ATÉ OS HATERS

Em 2017, fizemos um projeto para uma organização que queria mudar concepções sobre muçulmanos norte-americanos. Nosso papel foi definir uma linguagem que pudesse facilitar essa mudança. O admirável foi que essa organização queria, explicitamente, ouvir os haters. Então, selecionamos norte-americanos conservadores, eleitores de outra pessoa que não Hillary Clinton em 2016, que responderam a perguntas em um questionário que revelaram preconceito contra muçulmanos, e nenhum deles tinha nenhuma relação pessoal com muçulmanos norte-americanos.

O que aconteceu a seguir foi uma lição de humildade. Tínhamos a crença equivocada de que, se essas pessoas simplesmente conhecessem muçulmanos norte-americanos, então cada grupo demonstraria um pouco de sensibilidade em relação ao outro, e que era muito mais difícil odiar alguém de perto. Mas aconteceu que os preconceitos deles eram fortes e arraigados, e o procedimento de apenas lhes mostrar fatos — como que 10 mil norte-americanos muçulmanos estão servindo às forças armadas dos EUA hoje em dia; ou que a maioria dos ataques terroristas em solo norte-americano são, na verdade, executados pela extrema-direita, não por muçulmanos; ou que o Islã foi a primeira religião a dar às mulheres o direito de possuir e herdar propriedades — foi recebido com total incredulidade e, com frequência, ofensas.

O que tivemos de fazer foi encontrar um jeito de *compreender* friamente suas referências. Essas referências eram pontos de vista muito consolidados sobre valores estadunidenses, então, para eles, ser norte-americano significava liberdade e patriotismo, respeitar a bandeira, respeitar as forças armadas. Pensamos que, se a liberdade — especificamente, liberdade religiosa — era um valor, então por que não estariam abertos a pessoas que viessem para cá para desfrutar de nossas liberdades religiosas? Mas esse pessoal tinha muito medo de que seus valores estivessem sob ataque, e, em sua percepção, a comunidade muçulmana fazia parte das situações que estavam conduzindo as mudanças dos valores norte-americanos.

Quando dissemos *muçulmano norte-americano* para esse público e pedimos a eles que anotassem as primeiras palavras ou frases que viessem à mente, eles escreveram coisas como *estrangeiro, imigrante, forasteiro, terrorista* e *diferente de mim*. O pior foi que eles pensavam que já conheciam o Islã. Eles tinham opiniões firmes sobre a natureza do Islã, e todas elas tinham base no que sabiam sobre terroristas, não no que sabiam sobre muçulmanos.

Quando digo que você precisa compreender as referências deles, pode significar que é preciso ter alguém além de você para interagir na conversa com as pessoas que está tentando persuadir. Nesse caso, a nossa contratação pela organização dos muçulmanos norte-americanos como intermediários foi útil para testar a transmissão das mensagens e fazer as perguntas necessárias, ao mesmo tempo em que deixávamos de fora os sentimentos pessoais. Se tivéssemos somente ido adiante e colocado os dois grupos juntos em uma sala, é pouco provável que tivéssemos algum resultado produtivo.

Persuadir haters exige curiosidade intensa, disciplina e, às vezes, uma certa distância, porque é difícil ouvir o ódio. Foi realmente desafiador, mas nosso trabalho como persuasores era enfiar na cabeça que essas pessoas que estávamos entrevistando eram gente decente que apenas tinha crenças que achávamos preconceituosas e nocivas. Pense no que aconteceu depois das últimas eleições. Muita gente teve que voltar para casa e encontrar famílias que amavam e respeitavam, cujo voto fora como um soco no estômago. Mas elas disseram "É meu pai" ou "É minha mãe, não é uma pessoa ruim. Como posso me conectar com eles?". Nosso trabalho era similar.

Tentamos várias abordagens diferentes. A primeira foi: sobre o pressuposto de que os haters pensam que muçulmanos norte-americanos não compartilham de seus valores, vamos deixar que os muçulmanos norte-americanos digam que sim. Então, eles disseram: "Compartilhamos os mesmos valores que vocês", e os haters responderam: "Não compartilham, não. Vocês não têm a menor ideia dos meus valores. Vocês são de outro país." Mesmo que o muçulmano falando fosse um norte-americano da segunda ou da terceira geração, os haters ainda diriam isso. Ficou pior quando testamos muçulmanos norte-americanos dizendo "Muitos norte-americanos cresceram aprendendo lições na Bíblia, como o respeito à vida e a importância da caridade. A maioria dos muçulmanos norte-americanos aprendeu exatamente as mesmas lições, só que em um lugar diferente: o Corão." Agora, todos nós devemos voltar ao Velho Testamento, mas não diga a essas pessoas que o deus muçulmano é o mesmo que o deus cristão, que é o mesmo que o deus judeu. Para elas, isso é uma ofensa total; foi um gatilho tão grande que não conseguiram nos ouvir. Como sempre dizemos na firma, fatos não libertam você.

A próxima coisa que testamos foi fazer os norte-americanos muçulmanos falarem: "Há uma minoria de pessoas usando nossa religião para justificar atos horrendos. Precisamos de sua ajuda para derrotar esses terroristas." A resposta foi "Quer saber? O problema é que sua religião tem jogado sujo. Vocês precisam lidar com isso sozinhos."

Outra tática que tentamos foi dizer: "É hora de todos nós decidirmos quem somos e o que queremos defender. Nenhum norte-americano pode ficar em silêncio diante desse tipo de ódio e intolerância", e os haters responderam: "Não me venha falar de ódio ou intolerância! Seu povo está matando nosso povo."

Continuávamos falando com as paredes. Depois de uma excruciante quantidade de tentativa e erro, finalmente descobrimos três táticas que poderiam passar pelos haters. A primeira, em vez de falar sobre valores compartilhados, foi encontrar algo com que todos concordássemos. Como foi isso? Bem, nesse caso, a primeira coisa foi falar sobre por que estamos todos vivendo nos Estados Unidos. Testamos um muçulmano norte-americano dizendo: "A beleza de viver neste país é que os Estados Unidos oferecem a todos a oportunidade de ir atrás dos próprios sonhos; o sonho de trabalhar arduamente e construir uma vida de sucesso em uma comunidade fundamentada em liberdade e igualdade." *Isso* foi recebido de maneira muito positiva.

A diferença nessa abordagem é que ela não diz que "Você e eu somos o mesmo", mas *demonstra* a similaridade ao falar sobre valores norte-americanos e o sonho americano com que todos conseguimos concordar.

A segunda tática foi, em vez de apresentar fatos a um público hostil, contar histórias e mostrar as pessoas por trás daqueles rótulos. Ao contrário do que fizemos no início, dizendo-lhes que há 10 mil muçulmanos norte-americanos servindo às forças armadas dos EUA, falamos sobre *um* homem no exército — o que ele fazia e como era sua família. Em vez de chamá-los de muçulmanos norte-americanos, descobrimos que a reação era muito melhor quando começávamos com o que eles tinham em comum com as pessoas que estávamos tentando persuadir, por exemplo, descrevendo-os como norte-americanos de fé muçulmana, mostrando que eles se identificavam, sobretudo, como estadunidenses. Em seguida, diziam: "Ser muçulmano faz parte de mim, mas também sou outras coisas. Sou arquiteto, pai, norte-americano, fã do Eagles. Norte-americanos de fé muçulmana, como eu, são todos diferentes, mas todos somos norte-americanos."

A terceira tática foi a mais eficiente: mostrar que norte-americanos de fé muçulmana conhecem e respeitam as preocupações de seu público-alvo. Então, dizer: "Sabe, depois de assistir a notícias de todas as partes do mundo, achamos compreensível haver preocupação com o papel dos muçulmanos nos Estados Unidos. Quero que vocês saibam que estamos nos manifestando para condenar a violência. Estamos trabalhando para termos prefeituras permanentes, para podermos conhecer outros norte-americanos e responder às perguntas deles. Estamos estimulando nossas comunidades a ficarem vigilantes com qualquer tipo de extremismo."

PERSUASÃO

Essa tática realmente abriu os horizontes, porque eles estavam fazendo com que o público hostil se sentisse ouvido. Sem isso, você nunca terá nenhum progresso. Esta foi uma das principais coisas que aprendemos: parece que você está dando um passo para trás, mas conhecer a preocupação dos haters é, na verdade, o único jeito de fazer progressos.

É claro que, no fim das contas, alguém poderia dizer: "Espera, são os norte-americanos muçulmanos que estão do outro lado da situação de preconceito; eles deveriam estar *obtendo* empatia!" Mas eles são as pessoas que querem ser os *agentes* da persuasão. Logo, não importa: para ter sucesso em seus intentos, eles tiveram que encontrar um modo de ir a fundo e conversar com o público que estava julgando-os.

ESPALHANDO A VERGONHA

Quando estamos tentando persuadir haters, ficamos frequentemente inclinados a fazer uso da vergonha, sobretudo na política. Mas essa tática dá 100% errado, porque, conforme aprendemos com o Triângulo da Mudança, *a vergonha deixa as pessoas fechadas*. Nas redes sociais ou no ciclo de notícias 24 horas, muitas vezes ouvimos "Se você votar em X ou pensar X, você é idiota." Não depreciamos a opinião, depreciamos quem dá a opinião. Mesmo quando o objetivo é persuadir alguém a mudar o próprio pensamento. Pessoas falarão com membros da família de todas as divisões partidárias, mas dirão: "Você não lê jornal?! Não seja otário." Claro que a resposta será: "Não sou idiota. Não me chame de idiota."

Ninguém, desde que o mundo é mundo, ao ser confrontado com o fato de ter acreditado em uma informação falsa, jamais disse: "Ah, meu Deus, você está certo. Eu *sou* idiota. Obrigado." Isso simplesmente não funciona porque, quanto mais combativas as pessoas ficam, mais vão se definir pela oposição, basicamente fazendo o contrário.

OUVINDO OS HATERS

Se os democratas querem fazer progressos entre os eleitores que se sentem deixados para trás na recuperação econômica, eles precisam *ouvir*. Um candidato teria que dizer: "Sei o que está sentindo. [Lembra?] Entendo que sente que o governo falhou com você. Que os políticos falharam com você. Estou aqui para dizer que, a partir de agora, vai ser diferente. E estas são as três coisas que me comprometo a fazer para expandir a economia, para que você sinta diferença em sua conta bancária." A honestidade desarma.

A fala mais poderosa e eficaz que testamos foi: "Após ver notícias de todas as partes do mundo, achamos compreensível ter preocupações com o papel dos muçulmanos nos Estados Unidos." A linguagem não foi defensiva. Pelo contrário, validou o público e considerou as necessidades dele. Foi como dizer: "Estamos cientes de qual é o desafio." Lembre-se: reconhecer não é o mesmo que apoiar. Encontrar um consenso atenua a hostilidade, porque verificam-se interesses em comum.

Encontrar a porta de entrada do desarme é uma das táticas mais importantes ao lidar com um hater, muito embora talvez você não o compreenda de jeito nenhum. Uma de minhas amigas tem muitas visualizações no Twitter e, periodicamente, atrai trolls por conta de seus posts mais politizados. Ela sempre responde: "Respeito sua opinião", e eles não dizem mais nada. Mas repare que ela não diz: "Talvez isto o surpreenda, mas respeito sua opinião", porque seria meio sarcástico e implicaria que eles são mal-informados. Ela se atém a um simples: "Respeito sua opinião, mas também apoio a liberdade de expressão" ou "Respeito sua opinião, e também admiro que a Planned Parenthood ofereça gratuitamente diagnóstico precoce do câncer para dezenas de milhares de mulheres todo ano".

Agradecerei aos haters por me avisarem que os ofendi ou os chateei. Se continuarmos combatendo raiva com raiva, as cisões mundiais apenas aumentarão. A persuasão é um processo baseado em comunicação. Se todos ficarmos apenas gritando tão alto a ponto de não conseguirmos ouvir a outra pessoa, não conseguiremos nos comunicar.

UMA PRÁTICA DE BAIXO RISCO

Se você gostaria de praticar essa técnica sem cair direto na interação com quem o critica, passe algum tempo com crianças, sobretudo as menores. Com frequência, quando os pequenos se machucam, adultos dizem: "Você está bem" ou "Não foi tão ruim", e eles ficam mais chateados. Em vez disso, tente se colocar no lugar deles ou validar sua perspectiva: "Uau, esse tombo foi grande. Machucou? Acho que fez um dodói." Observe que as lágrimas param na hora.

Faz parte de nós a necessidade de sermos vistos e ouvidos. Na próxima vez que estiver com familiares que pensem ou votem diferente de você, tente, em vez de ficar bravo, mostrar curiosidade. Imagine que você foi enviado a essa casa a fim de entrevistar sua tia para uma incursão sobre um ponto de vista. Seu trabalho não é sair de lá tendo mudado a opinião dela, mas entendendo *por que* ela pensa como pensa.

Depois, você pode ir embora e pensar no que ela poderia ouvir que validaria a própria perspectiva *e* introduziria algumas informações novas.

UMA PRÁTICA DE ALTO RISCO

Recentemente, fizemos um projeto em que fomos incumbidos de encontrar a linguagem que causasse o maior impacto possível no tema mudanças climáticas. Várias agências enviaram propostas, mas a nossa foi a única que tomou esta decisão: "Sabe de uma coisa? Vamos sair e conversar com as pessoas que estão céticas em relação ao clima."

Encontramos pessoas que se encaixavam no perfil, que é 30% da população, porém mais homens, velhos, brancos e abastados. Eles são mais religiosos e é mais provável que sejam republicanos, e moram em áreas rurais. Oitenta por cento deles acreditam que o governo interfere demais em suas vidas. Nove em cada dez pensam que o respeito pelas autoridades é algo que todas as crianças precisam aprender e não demonstram isso o suficiente neste momento.

Quando perguntamos a eles o que pensavam ao ouvir *mudanças climáticas,* responderam que os preços subiriam e que haveria maior regulamentação e responsabilidades desiguais nos países.

Eles queriam uma prova tangível de que o aquecimento global é causado pelo ser humano.

A essa altura, teria sido fácil demais ficar frustrado, certo? Mas o motivo pelo progresso tão pequeno obtido nessa conversa é que os contestadores estavam se sentindo malfalados e ridicularizados. É o mesmo princípio sobre o qual acabamos de falar. Quando foi a última vez que alguém fez você mudar de ideia dizendo que você estava errado? A alternativa? Conversar. Parar de julgar. Manter a curiosidade. Entender as necessidades das outras pessoas e achar interesses em comum.

Quando fazíamos os grupos de foco, minha equipe supercuriosa se surpreendeu com o fato de que, quanto mais interagia com os contestadores, mais descobriam que: "Ah, Deus, na verdade eles se importam, sim." Eles dizem coisas como: "Tá, beleza, a cidade pode aprovar a proibição de sacolas de plástico em prol do meio ambiente, mas você sabe o que eles fazem? Deixam empreiteiros arrasar uma floresta inteira para que tenham algo novo." Outras pessoas dizem coisas como: "Deus quer que sejamos bons administradores e usemos os recursos com sabedoria. Só não quero que o governo me mande fazer isso."

Quando estávamos conversando, descobrimos que essas pessoas se importavam, sim, com o meio ambiente, então não ajudou ficar despejando estatística nelas e dizer coisas do tipo: "Você não pode ignorar o fato de que este ano tivemos mais enchentes do que nunca." Em vez disso, conseguimos persuadir os contestadores ao mudar o foco e encontrar interesses em comum.

Em vez de usar a linguagem dos valores do movimento da mudança climática, tivemos que usar a linguagem dos valores deles.

Não tivemos que lhes dar novos motivos para se importar. Eles já tinham os próprios motivos para isso. Tínhamos apenas que comemorar e elevá-los. Tratava-se, na verdade, de remodelar a conversa, mostrando às pessoas que elas podiam se identificar com o apoio à iniciativa contra as mudanças climáticas, sem fazer ninguém reconhecer que estava errado.

Para o anúncio de campanha, nós dissemos: "Vamos mostrar pessoas reais." O texto com a fotografia dizia: "Meu nome é Steve. Venho da terceira geração de uma família de carvoeiros. Fundei uma empresa que ajuda carvoeiros a aprender sobre instalação de painéis de energia solar e habilidades de gestão. Ela está fornecendo credenciais técnicas e gerando empregos bem aqui na Virgínia Ocidental. Estou fazendo isso pelas pessoas com quem cresci."

Outro dizia: "Meu nome é Bill. Sou caçador, presbítero de uma igreja e republicano com orgulho. Também administro uma organização sem fins lucrativos que protege a qualidade da água do Rio Colorado e instrui fazendeiros sobre o impacto no meio ambiente. Eu costumava pescar aqui, mas agora não posso. Estou fazendo isso pelos rios com que cresci."

"Sou a Sally. Minha família cuidou de fazendas na Califórnia Central por mais de 40 anos. Meu marido e meu filho costumavam se levantar toda manhã quando o sol nascia para trabalhar. Como fazendeiros e cristãos, damos nosso melhor para sermos bons administradores de nossas terras. No ano passado, acordamos com incêndios destruindo metade de nossas plantações. Agora, estou compartilhando minha história. Estou fazendo isso pela terra que perdemos."

A campanha não teve como foco silenciar os contestadores ou empurrar goela abaixo nossos fatos como opostos aos fatos deles; em vez disso, tratou-se mais de questões de conservação e energia, dando uma cara aos conservadores pró-conservação. Mas conseguimos chegar lá tendo empatia pelos contestadores.

EMPATIA ATIVA COM HATERS EM AÇÃO

Atualmente, questões polêmicas para clientes são organismos geneticamente modificados (OGMs), o uso excessivo de pesticidas e o abuso de antibióticos em laticínios. Há haters. Há céticos. E um estudo mostrou que há pessoas dispostas a pagar mais por um produto rotulado como "livre de *xxx*", mesmo quando *xxx* é um ingrediente inventado.

Então, quando uma firma que fabrica pesticidas nos consultou para que a ajudássemos a melhorar sua reputação, soubemos que não seria um projeto modesto. Como é que você convence as pessoas de que uma empresa dessas é boa? Para começar, com empatia ativa.

A primeira coisa relacionada especificamente a essa firma é que ela era associada a práticas negativas de que as pessoas não gostavam em termos de agricultura já há uma geração. Eles produziam OGMs. Fabricavam pesticidas e produtos de proteção a lavouras. Eram vistos como uma corporação grande e má que viabilizava e estimulava algumas das piores práticas agrícolas hoje em dia. A ideia de que essa firma poderia ajudar tanto fazendeiros quanto a agricultura e, especificamente, torná-la mais sustentável era uma meta bem alta para muita gente. Quando falamos com as pessoas, ninguém engoliu isso.

Tínhamos que encontrar interesses em comum. Descobrimos que o que importava para as pessoas era se sentirem bem em relação à comida que ingeriam e sua procedência. Tínhamos que descobrir o que a firma poderia dizer para atender às necessidades do consumidor. Parecia que seria impossível, certo? De jeito nenhum. Na verdade, havia muitas maneiras diferentes de falarem sobre o que faziam que ajudava seu público-alvo. Eles poderiam falar sobre inovações em reprodução vegetal. Poderiam falar sobre como fazendeiros estão cada vez mais usando os dados e softwares deles para serem mais precisos e reduzir o desperdício; poderiam falar sobre o aumento do uso da ciência para produzir lavouras melhores. Eles poderiam tentar começar a ampliar a conversa para além de OGMs e pesticidas.

O que descobrimos foi que as ferramentas digitais que essa firma oferecia ajudaram a mudar o foco da conversa. Muitos fazendeiros gostavam de usar seus softwares, apps para smartphone e outras ferramentas digitais que os ajudassem a tomar decisões de longo prazo. Na maior parte das vezes, ciência e agricultura não parecem andar juntas, porque parece que você está modificando o alimento. Ao contrário, o oferecimento de ferramentas digitais é amplo o bastante e pode ser redefinido de modo que a questão se torne como fazendeiros tiram vantagem delas para aprimorar suas práticas e, na verdade, usem menos das coisas que os consumidores querem que usem menos — terra, água e recursos.

No fim, o cliente construiu uma campanha com base nesta ideia: "Deixe as dádivas da Mãe Natureza no lugar. Use menos água, use menos terra, use menos energia." Contaram esta história: "Imagine se pudéssemos cultivar plantas que tratassem os sintomas da artrite reumatoide. Ou que convertessem a luz solar em comida de um jeito mais eficiente. Ou plantas bioluminescentes que brilham no escuro, ladeando uma calçada ou trilhas para caminhada. Parece bizarro? Não para pessoas como Sharon Berberich e Sam Fiorello, que passavam praticamente todo o tempo imaginando o futuro das plantas e da agricultura." Então, eles prosseguiram falando sobre o que o futuro da tecnologia poderia fazer para ajudar a agricultura a usar menos água, terra e energia. Sem empatia ativa, essa campanha nunca teria sido possível. Seu procedimento teria sido convencer as pessoas de que era uma ótima firma, sem compreender o que era mais importante para os consumidores.

ESTEJA PREPARADO

É importante você saber que, quando dizemos "Não tenha medo de se comunicar com haters", não significa que as críticas não serão declaradas. Você precisa se preparar para reações extremas. O que acontece se você for trollado? O que acontece se as pessoas vierem até você e o atacarem verbalmente? Ou solicitem o boicote a seus produtos? Quando a Keurig retirou seus anúncios do programa de Sean Hannity, as pessoas começaram a quebrar suas cafeteiras da marca, mas adivinhe? A Keurig superou isso sem desmoronar, e sua fatia de mercado está mais forte do que nunca.

Recentemente, desenvolvemos uma estratégia social para uma empresa de telecomunicações que estava trabalhando para reconstruir sua reputação após se tornar conhecida principalmente por chamadas perdidas e serviço intermitente. Eles queriam se pronunciar sobre cyberbullying, porque essa situação acontece muito em aparelhos que usam sua banda larga. Era uma questão global e fazia sentido. Mas também sabiam que, ao mesmo tempo, seriam crucificados por trolls, porque este é nosso mundo atual. Logo, estávamos preparados. Quando trolls os abordaram com tuítes como "Sabe quem está fazendo bullying? Seu departamento de contas!", tínhamos uma centena de tuítes engraçados preparados como resposta, com links remetendo-os a aconselhamento sobre cyberbullying, e os trolls sossegaram bem rápido.

Foi arriscado quando a Chick-fil-A declarou seu posicionamento sobre casamento gay, porque ela é a terceira rede de fast-food mais popular no país. Mas eles estavam preparados para isso. Colocaram cartazes em suas lojas explicando sua opinião como empresa cristã. Avisaram aos funcionários o que esperar e o que dizer. Foi seu CEO que fez o pronunciamento, dizendo: "Não julgamos ninguém. É apenas nossa crença."

Se você sabe que as críticas virão, mas lida com elas da maneira correta, na verdade, elas vão somente promovê-lo, não derrotá-lo. A maneira correta é saber quais serão as críticas e dar conta delas sem ficar na defensiva. Consiga alguém para bancar o advogado do diabo e tente pensar na pior coisa que alguém pode lhe fazer. Liste todas as potenciais críticas que poderia receber. É só você, porque você é uma pessoa física? Ou você é uma empresa que precisa se certificar de que todos os seus funcionários estejam preparados? Você tem presença nas redes sociais? Tem uma estratégia sobre como responder a trolls que virão até você? Está fazendo entrevistas na mídia? Você sabe que lhe farão perguntas. Como responderá a elas?

O mais importante: lembre-se de seu objetivo, do que disse que faria, do que realizou e de quanto progresso fez até então. Diga: "Esperávamos momentos turbulentos e compreendemos que estamos recebendo muitas críticas, mas também estamos avançando."

Depois, seja conciliador, não combativo.

OUVINDO OS HATERS

Até então demos enfoque à mudança dos pensamentos dos haters, mas às vezes haters têm algumas opiniões válidas que precisam ser absorvidas, e é você quem vai precisar articulá-las. Às vezes, não há problema em mudar de opinião por causa da oposição. Isso não significa que você falhou.

No decorrer dos anos, Obama afirmou que sua opinião sobre casamento gay "evoluiu". Ele disse que se encontrou com quem o criticava e os ouviu, e eles o ajudaram a mudar seu pensamento. Em 2015, a Starbucks tentou lançar uma campanha chamada "Race Together" ["Raças Unidas", em tradução livre]. Quando sofreram retaliação porque clientes caucasianos a caminho de seus trabalhos em cargos administrativos, que podiam comprar o produto, não se sentiram à vontade em receber as canecas de baristas não brancos, que claramente também não queriam conversar sobre a questão racial enquanto serviam café, a empresa a retirou. Nem toda iniciativa bem-intencionada é vencedora.

Em fevereiro de 2018, os Vigilantes do Peso anunciaram que ofereceriam adesões gratuitas a adolescentes durante o verão, e houve uma retaliação tão impressionante da parte de grupos de distúrbios alimentares que eles abortaram o programa, o que talvez também tenha sido bem-intencionado, mas passou a impressão de estar "aliciando" adolescentes para um programa cujo modelo financeiro tem base em reincidência. Com ou sem razão, a promoção foi percebida mais como autocentrada do que como altruísta.

EMPATIA ATIVA EM POLÊMICAS É DESCONFORTÁVEL, MAS POSSÍVEL

Digo a meus clientes que, se não fiz com que sentissem desconforto durante uma interação, não fiz meu trabalho. Para a maioria, fala-se sobre empatia como se fosse algo passivo e que acontece naturalmente com pessoas com quem nos importamos. O que estou insistindo que você faça é sair da zona de conforto e aplicar empatia ativa com pessoas de quem tende a discordar — e, até mesmo, que podem ser gatilhos para você. Empatia ativa significa que a responsabilidade de fazer algo para compreender outros pontos de vista é sua. Como tática persuasiva, colocar-se na pele do outro de um jeito proativo é uma ferramenta poderosa que fará a diferença entre conversar com alguém e interagir em um diálogo que mudará mentalidades. Não é para os fracos. Exige comprometimento. Mas prometo que, se você o fizer, será recompensado.

PARTE 3
CONEXÃO

5

SEUS TRÊS PILARES

Não se pode construir um grande edifício sobre uma base frágil.
—GORDON B. HINCKLEY

No âmbito da persuasão, inevitavelmente haverá momentos de desafio. Você se posicionará e, em troca, terá apenas retaliação e oposição. Vai se sentir abalado ou confundido. Esta próxima parte do processo da persuasão será a construção das bases de seu argumento de um modo que ventos contrários que surgirem possam ser afastados, não importa quais sejam. No fim, seus argumentos testados poderão ser usados várias vezes, até as pessoas se lembrarem de você e do que defende.

O lado contraintuitivo desse processo tem como base seu trabalho na parte dois. Em vez de montar um alicerce com base em si mesmo — seus desejos e o que acha de seu produto, plano ou propósito —, você vai construí-lo com base em seu público. O alicerce precisa ser empático, a fim de sintonizar com ele em longo prazo e, finalmente, persuadi-lo.

A NARRATIVA-MESTRA

O fato é que as principais deliberações a seu respeito serão feitas quando não estiver presente. Você não estará por perto quando os clientes tomarem a decisão final sobre qual produto colocarão no carrinho, quem será o novo contratado, se o e-mail será lido ou qual nome circulará na cabine de votação. Esse é o motivo por que você precisa ter uma *narrativa-mestra* poderosa; o que quer que as pessoas falem a seu respeito quando não estiver presente.

Uma narrativa-mestra é sua mensagem consideravelmente focada que o define e o diferencia. É uma ideia focada presente em toda a comunicação a seu respeito. Ela assume formas e palavras diferentes, mas sua essência está sempre conectada. Uma vez que a encontra, ela se torna seu verdadeiro norte, o critério perante o qual tudo o mais se alinha.

O slogan da Nike "Just Do It" foi uma expressão de sua narrativa-mestra para trazer à tona o atleta em cada um de nós. "We Bring Good Things to Life", da GE, foi uma expressão de sua narrativa-mestra de que seus produtos diversos tornam a vida boa para todo mundo. "Choosy Moms Choose Jif", da Smucker, é uma expressão de sua narrativa-mestra de ingredientes de qualidade em um produto de qualidade para consumidores exigentes. "Morning in America", de Ronald Reagan, foi uma expressão de sua narrativa-mestra de renovar valores e promessas norte-americanas. Esses são apenas alguns exemplos de narrativas-mestras poderosas de nossa história que vão muito além de um slogan ou uma campanha. Elas ditaram todas as decisões que a marca ou o partido tomou durante vários anos, às vezes décadas, a fim de que tudo sempre embasasse essa narrativa. Repare que todas elas conseguiram persuadir ao fazer o público se sentir bem consigo mesmo. O público pôde pensar: "Não estou só comprando um tênis, sou um atleta." "Não estou apenas comprando uma lâmpada, estou apoiando o progresso." "Sou uma mãe exigente fazendo o melhor por minha família." "Estou endossando o nascer de um novo dia para o país que amo." É por isso que a empatia é essencial nesse processo, porque, até que compreenda de fato o que seu público quer *sentir*, você não terá uma narrativa-mestra que proporcione isso a ele.

SEUS TRÊS PILARES

Neste capítulo, vamos focar como você descobre e constrói os três pilares de seu Plano de Persuasão, que serão, cada um, sustentados por seus pontos de argumentação (PA), ou fatos. Segue abaixo o modelo visual que usamos com clientes para o processo.

NARRATIVA-MESTRA

Pilar Um	Pilar Dois	Pilar Três
PA 1	PA 1	PA 1
PA 2	PA 2	PA 2
PA 3	PA 3	PA 3

De posse de três pilares e nove pontos de argumentação, no próximo capítulo eu lhe mostrarei alguns exemplos de narrativas-mestras que funcionaram e outras que não funcionaram. Por último, percorreremos os cinco passos para seguir a fim de identificar a sua. No fim da obra, você encontra o Livro de Exercícios do Plano de Persuasão, para o qual você pode pular sempre que necessário a fim de conferir como avançar nestes passos e, por fim, preenchê-lo quando estiver pronto.

Mas, primeiro, vou explicar o que são e o que não são pilares e pontos de argumentação.

OS TRÊS PILARES

Os três pilares são os três temas que sustentarão sua narrativa-mestra. Você ouve pilares de outras marcas o tempo todo, sem perceber. Por que investir com a Fidelity? Por causa do "desempenho, da expertise e da variedade". Google: "Nossa empresa, nossos compromissos, nossos produtos." CVS: "Preço, qualidade, acesso." As três palavras que seguem um slogan ou narrativa-mestra de uma marca são os pilares sobre os quais ela está. Toda empresa os têm, mesmo que não os conheça, porque eles ficam no site da companhia e não são usados nas propagandas. Os da Ben & Jerry's são "Sorvetes deliciosos, comércio justo e gestão ambiental". Os da Patagonia são "Elaborar o melhor produto, não causar nenhum dano e usar o mercado para inspirar soluções para a crise ambiental".

Os pilares são os três motivos pelos quais você poderá honrar sua narrativa-mestra. Voltemos ao meu exemplo do Capítulo 2. Eu queria ser reconhecida como a pessoa certa para este trabalho, mas, se não conseguisse provar que havia três motivos que faziam de mim essa pessoa, os motivos que mais importavam a quem estivesse tentando me contratar, a narrativa "Lee é a pessoa certa para este trabalho" teria caído por terra. No meu caso, os pilares eram "curiosa, aguerrida e eloquente", três qualidades que eu poderia honrar e que seriam úteis a meus empregadores. Ajudarei você a encontrar as três coisas que sustentarão sua narrativa-mestra.

PONTOS DE ARGUMENTAÇÃO

Frequentemente, pessoas titubeiam nos pontos de argumentação e no papel delas na persuasão porque confundem pontos de argumentação, narrativa e história. Para ser persuasivo, você precisa de todos os três elementos, mas apenas um, por si só, não é capaz de desempenhar as três funções. Muitas vezes ouço pessoas usando pontos de argumentação *no lugar de* uma narrativa-mestra, ou pilar, em vez de *para apoiá-la*. Fatos sustentam seus pilares; eles não podem substituí-los. Por exemplo, no capítulo anterior mencionei que há 10 mil muçulmanos servindo o exército dos EUA atualmente; isso não é uma história ou narrativa-mestra — é tão somente um fato, um ponto de argumentação. Lembra-se de como ele não fez a menor diferença?

Centenas de vezes, clientes vieram até nós e disseram: "Se as pessoas soubessem desses fatos a nosso respeito, estaríamos muito bem." Conforme abordamos na introdução, marcas e pessoas têm uma tendência frequente a se basear apenas em fatos quando querem persuadir: "No último século, a temperatura da Terra subiu 0,7° Celsius." "Em média, uma mulher gastará mais de US$2 mil em artigos de higiene durante a vida." "Nossa vodca foi a primeira a ser importada." Porém, sem uma história que os sustente, fatos quase nunca têm poder. Sobretudo hoje.

Quando tivermos descoberto seus pilares, o objetivo será encontrar os fatos que o ajudarão a sustentá-los para que, quando entrar em uma discussão produtiva (ou acalorada), tenha os dados para apoiar suas afirmações. Mas fatos por si sós não criarão a conexão emocional crucial que persuadirá seu público.

A INDÚSTRIA FARMACÊUTICA: UM ESTUDO DE CASO NA CONSTRUÇÃO DE UM PILAR EMPÁTICO

Para encontrar os três pilares de sua narrativa-mestra, vamos fazer três listas principais, das quais sairá tudo aquilo de que você precisará para persuadir. Vou compartilhar um exemplo recente de um cliente, para que você possa ver todo o processo em ação; depois, vamos voltar ao começo e dividi-lo em passos. Portanto, não se apegue demais ao *como* enquanto acompanha este estudo de caso. O "como" está chegando.

Recentemente, fomos contratados por uma grande empresa farmacêutica — vamos chamá-la de PharmaCare — porque o setor, como um todo, está em crise. Nos debates sobre a Lei de Proteção e Cuidado ao Paciente nos EUA, as empresas farmacêuticas eram pintadas como vilãs, subindo os preços para consumidores, companhias de seguro e o governo. A narrativa era que a ganância da PharmaCare colocava em perigo as vidas de cidadãos mais idosos e pacientes com câncer. É claro que, de dentro, não era assim que a PharmaCare se enxergava de maneira alguma. Era ela quem trazia a solução, na linha de frente da tentativa de erradicar doenças. Então, a empresa queria ajuda para explicar às pessoas: "Ei, não somos os vilões." Mas, conforme começamos a trabalhar com eles no processo, ficou claro que não estavam enxergando os problemas dos consumidores, apenas os seus próprios.

PERSUASÃO

Como muitos de nossos clientes, a empresa veio até nós acreditando que, se apenas compartilhasse os fatos com o mundo, todos a compreenderiam. Estava frustrada porque os preços eram definidos pelas companhias de seguro e quem levava a culpa era ela. Pensava que, se os consumidores compreendessem que colocar um medicamento no mercado leva anos e custa milhões, e que com frequência o remédio não faz efeito, eles lhe dariam o benefício da dúvida. O problema era que a empresa poderia dizer essas coisas, é claro, mas isso não persuadiria o público a ter nenhum pensamento diferente a seu respeito. Porque nenhum aspecto disso está construído sobre pilares que levam em conta as necessidades e crenças atuais do público, e os obstáculos que impedem de levar as mensagens em consideração.

Ela precisava compreender todas as crenças que consumidores e pacientes tinham sobre a indústria farmacêutica — toda a sua bagagem, tudo o que impediria que fossem ouvi-la. Então, fizemos uma lista de todos os obstáculos que impediam os consumidores de apreciar a empresa e de acreditar nela. Resumindo, tínhamos que listar todas as coisas ruins. Os obstáculos eram:

1. As pessoas acreditavam que empresas farmacêuticas eram gananciosas.
2. Elas pensavam que quem trabalha para a indústria farmacêutica estava fabricando comprimidos *e* empurrando as próprias marcas para médicos e na televisão.
3. Elas não sabiam que as empresas, na verdade, eram compostas de cientistas que criam medicamentos e tentam curar doenças. Pensavam que hospitais e universidades faziam isso.
4. Elas estavam assistindo a notícias horríveis sobre preços inflacionados com o aumento de mais de 5 mil por cento do custo do Daraprim pela EpiPen e por Martin

SEUS TRÊS PILARES

Shkreli, enquanto ele gerenciava a companhia conhecida como Turing Pharmaceuticals. Essas histórias acabaram se tornando símbolos da indústria.

O próximo passo foi praticarmos empatia ativa para entrar na mente dos consumidores. Tínhamos que compreender o que queriam da assistência médica e de empresas farmacêuticas em geral. Depois, elaboramos a segunda lista. Quando se trata de assistência médica e remédios, o que é *importante para o consumidor*?

1. Que o remédio seja seguro.
2. Que ele funcione.
3. Que o paciente tenha acesso fácil e constante a ele.
4. Que pacientes tenham condições de comprá-lo.
5. Que novos remédios apareçam para resolver problemas ainda sem solução.

Por último, tínhamos que entender todas as coisas boas que essa empresa farmacêutica fazia. Logo, elaboramos a terceira lista. Das necessidades do consumidor, a quais a PharmaCare conseguia *atender*?

1. Ela oferecia programas especiais de descontos para quem não podia bancar seus tratamentos de outra forma.
2. Ela tinha dados para provar que os remédios funcionavam.
3. Ela tinha dados para provar que eram seguros.
4. Ela tinha uma lista de doenças que haviam ajudado a tratar e mais curas no pipeline.
5. Ela tinha inovações que estavam ajudando com melhores dosagens e mecanismos de regulação, além de maneiras de lembrar as pessoas de tomar os remédios para que pudessem surtir mais efeito.

PERSUASÃO

Agora, tínhamos três listas: os obstáculos (ou coisas ruins); as necessidades dos consumidores; e as coisas que a PharmaCare poderia fazer com credibilidade para remover esses obstáculos e atender a essas necessidades.

LISTAS DA PHARMACARE

Obstáculos dos Consumidores	Necessidades dos Consumidores	O que a PharmaCare Poderia Atender
Gananciosa Cara Inflacionada Não confiável Em má companhia	Curas Saúde Preços acessíveis Acesso mais fácil	Inovação Tratamentos Vacinas Melhores dosagens

Com essas três listas, era hora de encontrar nossos pilares. O próximo passo foi criar uma Lista de Pilares. Esta é uma lista de cada ponto de argumentação sobre a força e a qualidade da empresa em que conseguíssemos pensar para elaborar nosso caso.

1. A PharmaCare está desenvolvendo remédios para mais de 25 tipos diferentes de câncer.
2. Programas de prêmios, programas de descontos e programas de reembolso.
3. Programa assistencial para famílias de baixa renda.
4. Lançou o remédio mais eficaz contra câncer em anos.
5. Concentrava-se nas doenças mais graves que existem: câncer, hepatite C, doenças cardiometabólicas, infecções resistentes a antibióticos e mal de Alzheimer.
6. Estava na linha de frente na luta contra pandemias mundiais emergentes.
7. Havia criado vacinas para doenças mortais.
8. Doava remédios para países em desenvolvimento.
9. Tinha dois tratamentos para Alzheimer no pipeline.

SEUS TRÊS PILARES

10. Tinha tratamentos novos para diabetes tipo 2, permitindo que os pacientes tomassem menos remédios.
11. Tinha criado quase 75 mil empregos nos Estados Unidos.
12. Tinha estudos clínicos sobre doenças mortais, como tumores sólidos avançados, HIV, câncer de ovário e de próstata.
13. Tinha receita anual bem acima de US$40 bilhões.
14. Gastava mais de US$6,5 bilhões por ano com P&D [pesquisa e desenvolvimento].
15. As vendas aumentaram 10% naquele ano.

O próximo passo foi percorrer essa lista e riscar quaisquer itens que reforçassem as crenças negativas de nosso público. Por exemplo, se o obstáculo é o consumidor pensar que você é ganancioso, quaisquer evidências que envolvam sucesso financeiro ou fatia de mercado devem ser eliminadas.

1. A PharmaCare está desenvolvendo remédios para mais de 25 tipos de câncer.
2. Programas de prêmios, programas de descontos e programas de reembolso.
3. Programa assistencial para famílias de baixa renda.
4. Lançou o remédio mais eficaz contra câncer em anos.
5. Concentrava-se nas doenças mais graves que existem: câncer, hepatite C, doenças cardiometabólicas, infecções resistentes a antibióticos e mal de Alzheimer.
6. Estava na linha de frente na luta contra pandemias mundiais emergentes.
7. Havia criado vacinas para doenças mortais.
8. Doava remédios para países em desenvolvimento.
9. Tinha dois tratamentos para Alzheimer no pipeline.

PERSUASÃO

10. Tinha tratamentos novos para diabetes tipo 2, permitindo que os pacientes tomassem menos remédios.
11. ~~Tinha criado quase 75 mil empregos nos Estados Unidos.~~
12. Tinha estudos clínicos sobre doenças mortais, como tumores sólidos avançados, HIV, câncer de ovário e de próstata.
13. ~~Tinha receita anual bem acima de US$40 bilhões.~~
14. ~~Gastava mais de US$6,5 bilhões por ano em P&D.~~
15. ~~As vendas aumentaram 10% naquele ano.~~

Depois, no Passo 3, destacamos todas as evidências importantes para o público.

1. A PharmaCare está desenvolvendo remédios para mais de 25 tipos diferentes de câncer.
2. Programas de prêmios, programas de descontos e programas de reembolso.
3. Programa assistencial para famílias de baixa renda.
4. Lançou o remédio mais eficaz contra câncer em anos.
5. Concentrava-se nas doenças mais graves que existem: câncer, hepatite C, doenças cardiometabólicas, infecções resistentes a antibióticos e mal de Alzheimer.
6. Estava na linha de frente na luta contra pandemias mundiais emergentes.
7. Havia criado vacinas para doenças mortais.
8. Doava remédios para países em desenvolvimento.
9. Tinha dois tratamentos para Alzheimer no pipeline.
10. Tinha tratamentos novos para diabetes tipo 2, permitindo que os pacientes tomassem menos remédios.
11. ~~Tinha criado quase 75 mil empregos nos Estados Unidos.~~
12. Tinha estudos clínicos sobre doenças mortais, como tumores sólidos avançados, HIV, câncer de ovário e de próstata.

SEUS TRÊS PILARES

13. ~~Tinha receita anual bem acima de US$40 bilhões.~~
14. ~~Gastava mais de US$6,5 bilhões por ano em P&D.~~
15. ~~As vendas aumentaram 10% naquele ano.~~

No Passo 4, agrupamos os itens destacados em três categorias. Essas categorias eram nossos pilares.

Para a PharmaCare, o primeiro pilar que surgiu foi *acesso*. Uma necessidade crucial de seu público era conseguir comprar e pegar seus remédios quando precisasse deles. Para readquirir confiabilidade, isso era algo que a PharmaCare precisava defender.

NARRATIVA-MESTRA DA PHARMACARE

Pilar Um: Acesso	Pilar Dois:	Pilar Três:
PA 1: Reembolsos e descontos	PA 1:	PA 1:
PA 2: Assistência a famílias de baixa renda	PA 2:	PA 2:
	PA 3:	PA 3:
PA 3: Caridade mundial		

O segundo pilar foi *curas*. A empresa estava investindo milhões de dólares na tentativa de encontrar curas para os males e doenças dos pacientes. Todos os dias ela tentava salvar a vida de seus consumidores. Na cabeça dos pacientes, isso tinha que fazer parte do que a PharmaCare defendia.

NARRATIVA-MESTRA DA PHARMACARE

Pilar Um: Acesso	Pilar Dois: Curas	Pilar Três:
PA 1: Reembolsos e descontos	PA 1: Remédio contra câncer	PA 1:
PA 2: Assistência a famílias de baixa renda	PA 2: Vacinas	PA 2:
PA 3: Caridade mundial	PA 3: Avanços no tratamento da diabetes	PA3:

O terceiro pilar foi *inovação*. A PharmaCare tinha estudos clínicos em remédios para tratar ou curar doenças como Alzheimer, tumores sólidos avançados, HIV, câncer de ovário e de próstata e hepatite C.

NARRATIVA-MESTRA DA PHARMACARE

Pilar Um: Acesso	Pilar Dois: Curas	Pilar Três: Inovação
PA 1: Reembolsos e descontos PA 2: Assistência a famílias de baixa renda PA 3: Caridade mundial	PA 1: Remédio contra câncer PA 2: Vacinas PA 3: Avanços no tratamento da diabetes	PA 1: Estudos clínicos em doenças graves PA 2: Estudos clínicos em doenças crônicas PA 3: Desenvolvimento de vacinas

Com esses três pilares, cada um com seu próprio conjunto de pontos de argumentação, pudemos evolui-los até sua narrativa-mestra, na qual continuaremos no próximo capítulo. Porém, sem essas listas, nunca teríamos encontrado os três pilares da PharmaCare, porque não estaríamos analisando a empresa da perspectiva do consumidor.

Agora, vamos desacelerar e percorrer com detalhes cada passo.

LISTA 1 DA PREPARAÇÃO PARA PERSUADIR. QUAIS OBSTÁCULOS O IMPEDEM DE PERSUADIR SEU PÚBLICO?

Você usará os dados que compilou nas três listas para seus pilares *e* para sua narrativa-mestra. Ter clareza em relação a esses três componentes em que você e seu público se interconectam é crucial para criar uma mensagem de sucesso.

Essa primeira lista de obstáculos remonta, em grande parte, às habilidades que você estabeleceu nas Partes 1 e 2 — é um ato de vulnerabilidade e autenticidade, mas também de empatia. Você pre-

SEUS TRÊS PILARES

cisa se colocar no lugar de seu público e olhar em retrospecto para si mesmo com clareza, o que pode causar desconforto. Mas, no fim das contas, isso o ajudará a defender seu ponto de vista diante das pessoas que precisa persuadir.

Os obstáculos delas também poderiam ser apenas nunca terem ouvido falar de você ou adorarem o produto que usam no momento; não precisam, necessariamente, ser algo negativo sobre você, em específico. Mas liste tudo o que possa se interpor entre você e seu objetivo com base no ponto de vista de seu público. Seguem alguns exemplos:

1. Eles acham meus preços altos demais.
2. Eles não sabem o que eu represento.
3. Não estou disponível perto de onde moram.
4. Eu cobro pelo envio.
5. Eles discordam de minha política externa.
6. Eles pensam que custarei mais caro que sua opção atual.
7. Eles pensam que mudar para meu produto será confuso e estafante.

No caso dos norte-americanos muçulmanos que abordamos no capítulo anterior, foi imperativo termos catalogado os obstáculos dos haters sem julgá-los. Nem sempre é fácil fazer isso, sobretudo quando as questões são tão emocionais quanto essa. Em poucas palavras, descobrimos nas entrevistas que os obstáculos para persuadi-los eram:

1. Eles nunca tinham conhecido um(a) muçulmano(a).
2. Eles não tinham a menor ideia dos verdadeiros princípios do Islã.
3. Eles sentiam medo.
4. Eles equiparavam o Islã ao 11 de Setembro.

PERSUASÃO

Quais são os obstáculos para seu público? Se quer ser presidente da Associação de Pais e Mestres, o que impedirá as pessoas de votarem em você? Será que não conheceu a quantidade suficiente de pais? A maneira como aborda o levantamento de fundos deixa algumas pessoas tensas porque elas não a entendem? Elas tendem a preferir pais que não trabalham em tempo integral? Eles nunca elegeram um homem?

Se quer que as pessoas estimulem seus deputados estaduais a votar contra o porte de armas, o que as impede de se pronunciarem sobre o tema? Talvez o obstáculo é que foram criadas em uma família de pessoas que tinham armas. Para elas, é tradição. Talvez enxerguem o porte de armas como um assunto delicado. Se você tira esse direito delas, o que mais vai tirar? Talvez o obstáculo seja o fato de não quererem que o governo lhes diga o que fazer.

O que você precisa entender é que, para essa lista ser útil, ela precisa conter os problemas *deles* em relação a você, não os *seus* em relação a eles. Persuadir com sucesso é "entrar" na outra pessoa e olhar para a questão apenas da perspectiva dela.

Alguns anos atrás, uma montadora de veículos estrangeira, que chamaremos de AutoCo, nos contratou porque sua reputação em termos de segurança no mercado estava piorando. Depois de exaustivos grupos de foco, fomos até a AutoCo e listamos todos os problemas dos clientes em relação a eles: "Primeiro, as pessoas não acreditam mais que seus veículos são seguros. Segundo, clientes não pensam em vocês como pessoas de verdade por trás da marca. Terceiro, eles pensam que ter um automóvel da AutoCo significa abandonar alguns confortos e o estilo. E, quarto, eles querem promover carros norte-americanos."

O curioso é que, entre os quatro problemas principais que listamos, o único que a AutoCo estava tentando resolver de maneira ativa era o quarto. Na época, eles estavam tentando ser norte-americanos. Em todos os seus showrooms, havia mapas da quantidade dos funcionários que eles tinham nos Estados Unidos. Eles também falavam sobre como o veículo compacto popular tinha mais peças

SEUS TRÊS PILARES

norte-americanas do que qualquer outro carro. Era tudo verdade, mas não soava como autêntico ao público nem resolvia o problema que tinham em relação à compra de um carro estrangeiro. Após listar todas as vantagens genuínas da empresa, dissemos: "Vocês nunca serão norte-americanos, essa não é sua história." Então, eliminamos essa parte como candidata a um dos três pilares.

Por se importarem de fato e por desejarem que compreendêssemos a eles e à organização, fomos convidados para visitar as fábricas e conhecer as equipes de engenheiros. O que saltou aos olhos imediatamente foi que, dentro da organização, as pessoas estavam confusas demais. Elas sabiam que eram muito boas no que faziam. No chão de fábrica, funcionários nos perguntavam: "Mas o pessoal não sabe que somos a número um em QDR?" Esta é a sigla de qualidade, segurança e confiabilidade [*quality, dependability, and reliability*, em inglês]. O que percebemos naquele momento foi que eles não entendiam por completo o problema que as pessoas tinham com a marca porque não conseguiam enxergá-lo. Estavam cada um no próprio mundo, fabricando os carros.

É por isso que o passo de contatar seu público e ouvir todos os obstáculos ou problemas dele é tão importante. Se não for assim, você não está em uma situação melhor que o presidente do grêmio estudantil concorrendo com o "Vote em mim: Sou incrível!".

LISTA 2 DA PREPARAÇÃO PARA PERSUADIR.
O QUE É IMPORTANTE PARA SEU PÚBLICO?

Este é um ponto crítico no qual, com frequência, vejo clientes cometendo erros. Eles focam bastante como desejam ser vistos, como querem ser reconhecidos, qual posição querem ocupar no mercado em vez de focar as *necessidades* de seu público-alvo. Políticos fazem isso também. "Sou o candidato da família." "Sou o candidato dos valores." A narrativa é sobre eles, não sobre os eleitores. A mensagem de campanha de Hillary Clinton, "Estou com ela", foi captada por muitos eleitores como "Vote em mim porque é hora de uma mulher fazer esse trabalho", que, em essência, pode ser traduzido como "Quero fazer história". Mas ela nunca explicou como o eleitor seria diretamente beneficiado. Se um candidato nunca explica, sucintamente e com uma narrativa-mestra poderosa, o que o(a) eleitor(a) ganha com isso, ele(a) não se identificará.

Veja um exemplo de como mudar esse pensamento. Digamos que eu esteja sobrecarregada no trabalho e queira pedir uma nova contratação a meu chefe. Eu poderia entrar e dizer: "Estou sobrecarregada. Preciso de ajuda." Mas trata-se apenas de mim e das minhas necessidades. Ele poderia responder: "Você não está fazendo seu trabalho da maneira adequada?" Poderia virar briga. Em vez disso, eu deveria ir devagar e me perguntar: "Qual seria a vantagem para *ele* e para a organização? De que forma posso elaborar minha solicitação de modo que ela seja ouvida como uma consideração às necessidades *dele*?" *Estou atolada em burocracia, o que me afasta do atendimento aos clientes. Se não estou atendendo os clientes, isso pode colocar a empresa em risco.* É muito provável que esta seja a maior preocupação dele: o bem-estar da empresa. Agora, estou considerando como posso atender às necessidades *dele* naquilo que quero persuadi-lo, em vez de como ele pode atender às minhas. Assim, eu poderia dizer: "Quero muito ter mais alguém aqui porque penso que isso deixará a organização mais eficiente, produtiva e rentável." Estou elaborando o argumento com base nas vantagens para meu chefe, portanto é muito mais provável que ele diga "sim".

É aí que entra a empatia, porque aqui não são *os seus* valores que importam, mas os *alheios*. No caso da mudança climática, nosso público valorizava o meio ambiente, mas também a não interferência governamental e a autonomia. Ao unir isso à empatia com base em valores, tivemos que abordar liberdade/opressão, *não* cuidado/dano. Para ser eficaz, nosso argumento teve que se apoiar em pilares que sustentariam aqueles valores.

A AutoCo nos convidou para conhecer alguns dos engenheiros que projetavam seu carro familiar. Um deles nos contou que rodou

SEUS TRÊS PILARES

pelo país durante *dois anos* antes de reprojetá-lo, observando como pais/mães usavam o carro, tentando entender as necessidades das pessoas para quem eles estavam fazendo os projetos. Eles repararam em como os pais/mães agiam no embarque e desembarque, em campeonatos esportivos, no porta-malas. Os engenheiros viram, observaram, testemunharam, e uma das coisas que notaram foi que as mochilas das crianças com frequência ficavam aos seus pés, o que elas e os pais apreciavam porque a criança pode pegar o que precisar sem que o pai tenha que tirar os olhos da estrada. Porém, quando as pessoas que davam uma volta como teste se sentavam atrás e diziam "Uau, quanto espaço para as pernas", elas não tinham uma mochila gigante aos pés.

Assim, a AutoCo decidiu que seria a primeira montadora de carros a fazer bancos traseiros ajustáveis. Você poderia elevar a terceira fileira ou, se não houvesse ninguém nela, poderia comprimi-la e ajustar a posição para dar às crianças mais espaço para as pernas.

Então, enquanto estávamos lá, a mulher que trabalhava no setor de comunicações da equipe de engenharia interveio e disse: "Ah, você acha isso interessante? Dia desses, cheguei no trabalho e soltei meus óculos de sol e disse: 'Estou farta de meu porta-óculos de sol não comportar meus óculos de sol'.

"Os engenheiros ficaram atônitos. Eles me disseram: 'Nós testamos isso. Quando projetamos o carro, compramos todos os óculos de sol disponíveis no mercado!'" Então, ela os levou até o carro e lhes mostrou que os estilos de óculos de sol haviam mudado e que os novos não cabiam nos suportes antigos. Depois, ela disse: "Aliás, estou farta de carros projetados para homens. Bem que vocês poderiam fazer um lugar para eu colocar minha bolsa." Novamente, eles ficaram chocados. Então, projetaram a próxima versão do carro de modo que tivesse um suporte maior para óculos de sol e lugar para colocar a bolsa embaixo do banco.

Depois, outro engenheiro comentou: "Sabe, inventamos o primeiro porta-copos. Nossos engenheiros foram a todos os países que vendiam carros da AutoCo, compraram todos os copos para viagem de todos os tamanhos e testaram cada um deles para ter certeza de que caberiam."

À medida que fazíamos listas do que os clientes valorizavam, ficou claro que a AutoCo levava a sério as necessidades deles. É provável que esse teria sido um dos pilares de sua narrativa-mestra, que persuadiria os clientes a confiar novamente na AutoCo.

LISTA 3 DA PREPARAÇÃO PARA PERSUADIR. DO QUE VOCÊ É REALMENTE CAPAZ?

Todos nós já vimos marcas que simplesmente tentam nos dizer do que elas são capazes, mas que tiraram zero no quesito necessidades do cliente. O mesmo vale para políticos, inclusive os locais. Recentemente, uma amiga falou de uma candidata à prefeita preocupada em recuperar a orla e transformá-la em um polo de gastronomia e lazer, mas a cidade estava passando por um problema grave com opioides, então ninguém se importava com a orla. A candidata não apenas perdeu como lamentavelmente saiu como a sem noção da história. Pense nisso como dar um presente que a pessoa não quer. Todos passamos por isso. Você não se sente somente desapontado, mas também magoado. Você não se sente *visto*.

Nossa próxima responsabilidade é dar uma olhada nas primeiras duas listas e nos perguntarmos: como podemos oferecer soluções realistas e consistentes a nosso público? Pegue a lista de todos os problemas que seu público tem em relação a seu objetivo e do que é importante para ele, e *só depois* mapeie-a comparando com o que você tem de melhor.

Não tente fazer algo para seu público que passará a impressão de que você não olhou para a questão a partir do ponto de vista dele. Se o que você pode fazer nesse pilar não corresponder a nada nas primeiras duas listas, não será persuasivo.

SEUS TRÊS PILARES

No caso da AutoCo, ela era de fato melhor em termos de segurança; melhor em projetar os carros tendo em mente os usuários; e melhor em contratar engenheiros que pensavam em cada mínimo detalhe. Ela podia suprir as três necessidades de seus clientes, mas não estava contando essa história. Nesse ramo de atuação, sempre dizemos que, se você não está contando sua história, outra pessoa estará. Foi o que a AutoCo precisou colocar em primeiro plano, porque essas qualidades resolviam os problemas dos clientes e se alinhavam aos valores dela.

O PROCESSO DE CINCO PASSOS PARA SEUS PILARES

Usando os insights que adquiriu elaborando as três listas, você conseguirá passar com rapidez e eficiência por esta etapa.

Passo 1: Liste todas as maneiras diferentes como você poderia defender seu ponto de vista diante de seu público. Imagine-se sentado à frente da pessoa que está persuadindo e liste todos os motivos, todas as coisas que poderia dizer, que pudessem convencê-la. A lista pode conter 20, 30 ou mesmo 50 aspectos — qualquer argumento que você conseguir para se defender. O que podemos dizer sobre este remédio? O que podemos dizer sobre esta empresa? Quais argumentos podemos ter contra o regulamento? Liste tudo — não importa quão pequeno ou aparentemente superficial seja — em que conseguir pensar para elaborar sua argumentação. Você quer que uma narrativa maior apareça, e detalhes mínimos podem acabar fazendo parte de um todo maior, como no caso da AutoCo e os porta-copos.

Passo 2: Risque todos os argumentos ou indícios que reforcem quaisquer obstáculos de seu público. No caso do banco que estava tentando se recuperar da crise financeira abordado no Capítulo 2, riscamos "Não era dono, na época, da filial que fazia empréstimos ruins", porque, embora fosse verdade, levantava suspeitas. Por que compraram um banco com práticas ruins? Como planejavam lucrar com isso? Não inspirava confiança.

Passo 3: Circule todos os pontos de argumentação que se alinhem com o que é importante para seu público-alvo. Agora que tem a lista dos valores de seu público e que considerou de fato o que ele acha de você e de sua questão, saberá prontamente quais estarão em sintonia com ele.

Passo 4: Agrupe esses pontos de argumentação até chegar a três categorias distintas. Observe quais padrões surgem. O que você está procurando são as três categorias líderes. Cada categoria será um potencial "suporte" para seu argumento, o tema mais amplo de sua narrativa-mestra. Repare que nem todos os pontos de argumentação servirão para uma das três; alguns serão descartados nesta fase.

Quando passamos pelo processo de estruturar a AutoCo, consultamos nossa lista de todas as coisas que poderíamos dizer aos clientes sobre qualidade, segurança e confiabilidade, e identificamos três categorias em que esses fatos e histórias se enquadrariam. Era sobre eles que poderíamos falar de maneira autêntica e que poderiam persuadir alguém de que os carros da AutoCo ainda eram seguros.

1. A equipe de engenheiros da AutoCo é composta de pessoas de verdade, que dirigem esses carros e se importam profundamente com a experiência do motorista.
2. Eles têm um recorde inacreditável de inovações e atenção aos detalhes.

3. A AutoCo tem uma cultura de retorno, compartilhando seu conhecimento.

Passo 5: Refine a linguagem nas três categorias para que os elementos se tornem memoráveis. Os pilares da AutoCo com design orientado para os clientes (tudo o que fazem para tornar os carros ótimos hoje), inovação (tudo o que fazem para tornar os carros ótimos amanhã) e serviços à comunidade (tudo o que fazem para consolidar relações duradouras com os clientes e a comunidade) se tornaram "Hoje, Amanhã e Juntos".

Quando repassamos a terceira lista, ficou fácil riscar itens como lucrativo e ecológico, porque, embora sejam reais, não abordavam as necessidades centrais dos clientes.

REFORÇANDO OS PILARES COM PONTOS DE ARGUMENTAÇÃO

Para os três pilares da AutoCo — segurança, inovação e serviço à comunidade —, quais eram seus pontos de argumentação? Para segurança, era o fato de 90% dos carros construídos pela empresa nos últimos 20 anos ainda estarem rodando hoje em dia. Para o pilar da inovação, podíamos apontar que os engenheiros passaram em média dois anos na estrada antes de passar o projeto do carro para o papel. Para serviços à comunidade, era o fato de terem cedido, a cada ano, seus engenheiros a 40 organizações não governamentais ameaçadas, a fim de ajudá-las a agilizar e monetizar suas operações.

Se você não consegue preencher essas colunas com pelo menos três fatos que as apoiem, provavelmente está indo na direção errada e apenas dizendo algo vazio. Volte às três listas de preparação e escolha um novo pilar.

CURADORIA E TESTE DE ESTRESSE

O motivo de estarmos tentando reduzir a lista aos 3 pontos de argumentação mais fortes para cada pilar, em vez de 10 ou 20, é que mais informações não necessariamente trazem provas mais fortes quando se trata de persuasão. Mais pontos de argumentação não tornam seu pilar mais substancial, apenas sobrecarregam seu público.

Em seu site, Hillary Clinton tinha "137 Motivos para Votar em Hillary" para sustentar seu pilar da experiência. Mas era informação demais para seus aliados conseguirem lembrar e divulgar em seu nome. Quando as pessoas se deparam com mais informações do que conseguem lembrar com facilidade, elas se sentem confusas. Estudos têm mostrado que evitamos aquilo que nos confunde. Várias empresas de serviços financeiros carregam essa culpa neste exato momento. Se você consultar o site para descobrir o que representam e por que deveria investir com elas, fica impossível. Há 87 opções no menu, e você não consegue encontrar onde está o que quer. Em contrapartida, alguns pontos de argumentação tornam um pilar memorável, que é o objetivo. Se seu público conseguir se lembrar de seus pontos de argumentação e falar sobre eles a outras pessoas, você vencerá.

Com frequência, vemos essa inabilidade de reduzir a quantidade de pontos entre empresas que mantêm uma vasta gama de obras de caridade. Muitas vezes elas estão em toda parte e nem sempre evoluem para sustentar um pilar de investimento comunitário, o que importaria para o público delas. Por exemplo, o McDonald's queria atenuar o obstáculo midiático de que sua comida não era saudável para os clientes, então, em seu site, apresentou a Casa Ronald McDonald, seus cardápios saudáveis e seus investimentos em cidades do interior. Porém, quando os esforços são dispersos demais, ficam sem sentido.

SEUS TRÊS PILARES

Em persuasão, bombardear seu público com informações em excesso transfere a ele o fardo de guardar muita coisa na própria memória. As pessoas querem se sentir inteligentes. Elas querem a sensação de compreender algo a fundo, e não apenas na superfície. Assim, com seus três pilares e nove pontos de argumentação selecionados, é hora de testar. Passe-os a tantas pessoas quantas achar que faz sentido. Diga: "Quero defender estas três coisas, e aqui está o porquê"; depois, liste, de maneira concisa, seus pontos de argumentação. Depois, pergunte a elas se pensam que o que você disse parece plausível, autêntico e memorável. É persuasivo?

Se não for, aceite o feedback, volte às suas listas e tente um novo pilar.

Talvez tenha que passar por algumas rodadas disso antes de acertar os três pilares que sintonizem com seu público. Quando acertar, você estará pronto para passar para o Capítulo 6, evoluindo para a narrativa-mestra; a partir daí, aprenderemos como contar histórias que comuniquem sua narrativa e como envolver os pontos de argumentação para sustentá-la. Aí, você será imbatível.

6

SUA NARRATIVA-MESTRA

Curly: Você sabe qual é o segredo da vida? [levanta um dedo] Isto.

Mitch: Seu dedo?

Curly: Uma coisa. Apenas uma coisa. Você se apoia nisso e todo o resto não significa nada.

Mitch: Isso é ótimo, mas que coisa é essa?

Curly: [sorri] É o que *você* tem que descobrir.

—AMIGOS, SEMPRE AMIGOS

Agora que você preencheu a folha da narrativa-mestra da persuasão com os três pilares e os nove pontos de argumentação, a narrativa-mestra deve evoluir de maneira autêntica a partir das coisas mais importantes para seu público-alvo e que você possa cumprir.

Mas como fazê-la evoluir até a "única coisa"? Como pegar esses três pilares e transformá-los em mudança significativa — convencer seu público a se tornar pró-vida ou pró-escolha? Como pegar três pilares e transformá-los em ações contra mudanças climáticas? Este capítulo é sobre isto. Sobre como encontrar a única coisa pela qual quer ser conhecido. Depois de fazer os exercícios do Capítulo 5, você não cometerá o erro que muitos cometem, porque sua narrativa-mestra não será elaborada com base no que é importante para você. Agora, ela está sendo elaborada com base no que é importante para seu público, e todos os fatos por trás dela são autênticos e ressonantes.

A NARRATIVA-MESTRA NA VIDA COTIDIANA

Quer estejamos ou não nos candidatando a um cargo, todos temos uma narrativa-mestra. Você tem uma na família, em seu local de trabalho, em sua comunidade; se não a está delineando, outros estão. "Peça a ela que presida a arrecadação de fundos, ela sempre consegue o que quer." "Não peça a ele que cuide do aluguel de esquis, ele não é de confiança." "Não conte nada a ele, é o xereta do bairro." "Vamos deixá-la de fora do comitê, ela complicará tudo." "Não invista em seu trailer de tacos, ele é ruim com dinheiro." "Não se esqueça de incluí-la, ela pensa em tudo."

Mentalmente, pense em todas as pessoas que você conhece e sem dúvida terá um resumo de frases únicas sobre elas, como as citadas acima. Com certeza você sabe quando os outros têm uma sobre você. Pense em como é frustrante quando você percebe que a narrativa-mestra que as pessoas têm a seu respeito está desatualizada ou apenas muito equivocada. Volte ao exemplo de minha avaliação de 360 graus no Capítulo 2. Eu achava que minha narrativa-mestra no trabalho era *mais próxima,* mas não era assim que me percebiam.

Sua narrativa-mestra é aquela particularidade sobre você ou sua marca que oportunamente encarna a necessidade emocional crucial de seu público que você vai preencher. Todo mundo conta uma história. Você quer que a sua seja a mais curta, a mais memorável. Quando uma nova mãe volta a trabalhar, ela precisa de uma nova narrativa-mestra, que reconheça o tempo em que esteve afastada, mas coloque isso como uma vantagem, que afaste quaisquer preocupações sobre suas prioridades, mas não crie falsas expectativas. Algo como: "Estou muito animada para reviver em minha carreira tudo o que aprendi sobre decisões do consumidor. Mães são o mercado-alvo mais visado, e foi imprescindível estar do outro lado durante alguns anos."

SUA NARRATIVA-MESTRA

Quando me mudei da cidade grande, quis criar uma nova narrativa-mestra sobre mim como vizinha. Na cidade, minha narrativa-mestra havia sido: "Lee Carter é excelente vizinha porque fica quieta no canto dela." Agora, precisava ser: "Lee Carter é um membro maravilhoso desta comunidade." Então, para começar, convidei todos os nossos vizinhos para uma festa quando nos mudamos, com um bilhete avisando-os que faríamos algumas mudanças e pedindo desculpas por eventuais transtornos, junto com meu número de telefone para que ligassem em caso de barulho. Então, quando vi meus vizinhos, comuniquei a cada um deles alguma coisa que ficaria feliz em fazer para ajudar a comunidade — jardinagem, passear com cachorros, dar carona. Era autêntico para mim. Eu não ia fazer tortas, porque não sei cozinhar. Mas poderia informar às pessoas que, se precisassem de uma taça de vinho tinto ou caso se atrasassem para chegar em casa do trabalho e necessitassem de alguém para sair com os cachorros, podiam contar comigo.

NARRATIVAS-MESTRAS PARA MARCAS

A AutoCo queria representar qualidade, segurança e confiabilidade (QSC), mas isso não é atraente. As histórias da marca eram fantásticas, porém, por si sós, talvez não fossem suficientes. Precisávamos encontrar a narrativa-mestra que sustentasse cada uma das histórias e mostrasse o quanto QSC era ajustável em tudo o que fazia — a única coisa que interconectava tudo de uma maneira concebida para o consumidor.

Com seus três pilares reunidos, que refinamos para "AutoCo, hoje, amanhã e juntos", tivemos que encontrar seu princípio norteador. E toda a nossa pesquisa nos revelou que consumidores, investidores e influenciadores se sentiam atraídos pela AutoCo porque ela havia pensado em tudo aquilo de que seus clientes precisavam — desde as menores coisas, como porta-copos e espaço para as pernas, até as maiores, como o futuro da mobilidade. Os carros, a cultura e a maneira de retribuir dessa empresa são todos moldados para nosso modo de vida. Portanto, este é o princípio norteador da empresa: "AutoCo: Feita para sua vida." Porque as pessoas querem saber que, quando compram ou investem na AutoCo, haverá qualidade. Será intuitivo. Funcionará. E vai durar. Todos esses fatos e histórias se conectam a uma narrativa-mestra que cumpre a necessidade emocional central de seus clientes.

No caso da organização dos norte-americanos muçulmanos, com nossos três pilares em mãos — propósito (as histórias de suas origens), pessoas (suas histórias pessoais) e atitudes (coisas que eles estavam fazendo como estrutura das próprias comunidades) —, pudemos conectá-los à narrativa-mestra "Motivos pelos quais estamos aqui". Conseguimos sintetizar e transformar tudo em coisas que importavam para eles, e que eram bem diferentes do que acabariam sendo se não tivessem passado pelo exercício.

No caso da PharmaCare, sabíamos, com base nos pilares, que a capacidade de descoberta era a qualidade maior que os consumidores precisavam associar à marca. Assim que começamos a brincar com as maneiras de articulá-la, pensamos: *Bem, poderíamos dizer que ela tem a melhor P&D. Ou que investiu em qualidade de vida. Ou poderíamos falar sobre como é inovadora.* Mas a melhor resposta, em que acertamos em cheio, girou em torno da descoberta e coisas do tipo. Então, começamos a brincar. "Descobrir curas para mudar o mundo." "Enxergar além do impossível." "Viver para curar." "Curar além do impossível." Com isso, sabíamos que estávamos indo na direção certa. Mas só chegamos a "Explorando curas; acrescentando anos à vida e vida aos anos" na rodada seguinte.

Quando a PharmaCare adotou essa nova narrativa-mestra, "Explorando curas; acrescentando anos à vida e vida aos anos", em menos de um ano passou da empresa menos inovadora aos olhos do consumidor para a segunda mais inovadora. É uma mudança enorme e importante. Significa que finalmente ela acertou uma narrativa que sintoniza com o público, que atingiu o tom certo em termos de emotividade e mudou a mensagem de "sobre a empresa" para "atender à necessidade principal do cliente": sentir-se cuidado e curado.

NARRATIVAS-MESTRAS NA POLÍTICA

O erro de muitas pessoas é escolher uma narrativa-mestra que foca o modo como elas querem ser conhecidas, mas que não atinge o ponto emocional de seu público. Vemos isso com frequência na política, para a qual faço muitas e muitas análises em redes de TV a cabo. A narrativa-mestra de Hillary Clinton era "Hillary pelos Estados Unidos". E seu pilar guia era experiência. O problema aqui é que ambos são sobre *ela*, não sobre nós.

Saber que escolheu o candidato que tem mais experiência até faz você se sentir bem consigo mesmo, mas pensar que escolheu aquele que vai mudar para melhor a vida de todo mundo o deixa eufórico. Quando testamos o "Make America Great Again" ["Torne a América Grande Novamente"], os apoiadores de Trump se encheram de uma esperança real e sentiram que tinham algum controle do próprio futuro. Repetindo: não importa como você votou; no contexto desta conversa é importante compreender que "Make America Great Again" é uma narrativa-mestra quase impossível de derrotar. A de Obama era "Hope and Change We Can Believe In" ["A Esperança e a Mudança em que Podemos Confiar"]; também é poderosa. A de Reagan era "Morning in America ["Amanhecendo na América"]. Porém em 2016 nenhum dos outros candidatos de nenhum partido tinha uma narrativa-mestra que se aproximasse de "Make America Great Again" em termos de eficácia. Digo isso porque é importante apresentar exemplos do poder de persuasão de uma narrativa-mestra e, então, transformar as pessoas que você persuadiu em seus divulgadores.

O PROCESSO DE CINCO PASSOS DA NARRATIVA-MESTRA

Chegou a hora de descobrir sua narrativa-mestra. Ao percorrer metodicamente estes cinco passos, você conseguirá desvendar a linguagem que sintonizará com seu público e que, depois, começará a fazer o trabalho por você. Reserve um tempo em cada passo para se ater à linguagem e à mensagem à medida que evoluem, para ver qual é a sensação. Acima de tudo, não fique frustrado. Às vezes, leva várias tentativas para encontrar a narrativa-mestra perfeita. Mas, uma vez que sabe o que torna uma narrativa-mestra excelente, não aceitará nada menos do que uma que seja persuasiva.

PASSO 1. ESCREVA UMA FRASE QUE RESUMA SEUS PILARES

Aqui, colocamos os pilares na parede e começamos a pensar em tudo o que poderíamos dizer que talvez englobe todos os três. Se você é a AutoCo e quer persuadir seu público de que representa QSC, ou é a Pepsi e quer ser conhecido como uma empresa mais saudável, se é republicano e quer ser visto como altruísta, ou um democrata que deseja ser visto como responsável em termos fiscais, ou se está apenas tentando persuadir sua sogra a deixá-lo ser o anfitrião no Natal, o procedimento é o mesmo.

Por exemplo, para a PharmaCare era: "Somos uma empresa econômica cuja prioridade é descobrir curas e tratamentos para salvar a vida de nossos pacientes." Com os três pilares da AutoCo, poderíamos dizer: "Somos uma empresa automobilística que constrói para o presente e o futuro, e compartilha esse conhecimento com nossas comunidades." Isso nos levou a lançar a potencial narrativa-mestra como algo do tipo: "Nossa paixão é seu progresso", "É preciso muita gente", "Carros feitos para seu estilo de vida" e "Projetado para a humanidade". "Feitos para seu estilo de vida" acabou vencendo porque, quando a testamos, havia algo maior nela do que nas outras. Mas ela não precisa estar perfeitamente ajustada neste momento. O objetivo é simplesmente conseguir que os três pilares comecem a funcionar juntos em uma única frase.

SUA NARRATIVA-MESTRA

Nem toda narrativa-mestra precisa ser um slogan sucinto. Se está tentando persuadir seus vizinhos a amarrar jornais e papelões com cordas recicláveis para que seu prédio pare de tomar multa, colocar cartazes no elevador e no subsolo mostrando papelões amarrados e as palavras *Rua Lafayette, 77, Fazemos do Jeito Certo Sempre* talvez seja o suficiente para inspirá-los a se sentirem orgulhosos em cuidar do próprio lixo da maneira adequada e para persuadi-los a administrar melhor o prédio onde moram. Porém, se está se candidatando a um cargo público ou precisa fazer uma pressão contínua em seu local de trabalho por novas políticas, ter uma linguagem que você e seus aliados possam repetir sem esforço significará pensar em todas as maneiras possíveis de verbalizar suas categorias, até encontrar uma que ecoe.

PASSO 2. PENSE NO QUE É IMPORTANTE

E então, como encontrar sua "única coisa"? Pegue essa frase e volte ao que é mais importante para quem está tentando persuadir — e pense no que ele(s) ganha(m) com isso. Tive uma cliente que costumava dizer que a estação de rádio favorita de seus clientes era a WII-FM: *What's in it for me?* ["O que eu ganho com isso?"] Pergunte-se: quais vantagens do que estou oferecendo são as mais importantes para eles? Por exemplo, digamos que você quer vender uma redução fiscal linear e reduziu seus três pilares a "Uma redução fiscal que simplificará o código fiscal, aquecerá a economia e colocará dinheiro no seu bolso". Então, a pergunta é: por que isso é importante para seu público? Acho que, se você se perguntar umas cinco vezes "E aí?" ou "Por que isso é importante?", chegará à resposta. Este processo ficaria assim:

a. Uma redução fiscal simplificará o código fiscal, aquecerá a economia e colocará dinheiro no seu bolso.

Por que isso é importante?

b. Porque, se as pessoas tiverem mais dinheiro, elas gastarão mais.

Por que isso é importante?

c. Porque, quando as pessoas gastam dinheiro, empresas fazem mais dinheiro e podem contratar mais gente.

Por que isso é importante?

d. Porque aí haverá mais empregos para mais pessoas, beneficiando o trabalhador.

Agora você tem sua mensagem. "Estou propondo isenção fiscal para a geração de empregos e crescimento econômico — ou empregos e expansão da reforma tributária." Quando testei essas opções com eleitores, a mensagem que correspondeu foi aquela que dialogou imediatamente com o que *era importante para eles.*

Quando uma empresa alimentícia famosa por um item básico nas despensas norte-americanas quis atualizar sua linguagem e transmissão de mensagens, nós quisemos desvendar o que estava na raiz de seus pontos de argumentação. Havia muita coisa que poderia ser dita sobre essa marca com a qual todos nós tínhamos crescido. Poderíamos focar o fato de que o produto era nutritivo e facilmente disponível, que era reconfortante para quando se está doente, que era um item básico em lares por todo o país. Poderíamos nos apoiar na tradição, trazendo à tona o fato de que ele está circulação há 150 anos. Porém, para captar a essência do que a marca realmente representa, precisávamos nos aprofundar e descobrir o que esses fatos têm em comum. Quais emoções eles efetivamente proporcionam? Como fazem as pessoas se sentirem? A frase pilar com que estávamos trabalhando era: "A Cozy Company é uma marca de 150 anos que oferece comida nutritiva com facilidade."

SUA NARRATIVA-MESTRA

a. Cozy Company é uma marca norte-americana emblemática, em circulação há 150 anos.

Por que isso é importante?

b. Porque, se está tanto tempo em circulação, ela deve ser confiável.

Por que isso é importante?

c. Porque quero confiar nos alimentos que dou à minha família.

Por que isso é importante?

d. Porque, em troca, minha família acredita em mim para tomar decisões sobre o que colocam dentro do próprio corpo.

Por que isso é importante?

e. Porque é assim que demonstro a eles meu amor e cuidado.

Agora, tínhamos a nova narrativa-mestra: "Produzido com Cuidado." O período de tempo em que esteve em circulação, um fato concreto, é imbuído de emoção quando se trata de confiança e família.

Ao analisar esse exercício, o que você está oferecendo a seu público pode ir de uma afirmação impessoal para uma emocional. Pode ir de algo que não é importante para algo que importa profundamente para ele — e aí você encontrará sua "única coisa" e, nela, sua narrativa-mestra.

Para a AutoCo, quisemos passar a ideia de solucionadores de problemas. Então, perguntamos: por que isso é importante? Bem, porque aí não há nenhum problema, apenas melhorias. Por que isso é importante? Porque, se eu enxergar todos os problemas, posso pensar nas soluções. Por que isso é importante? Significa que os clientes sempre conseguirão aquilo de que precisam. Por que isso é importante? Por que será construído conforme o estilo de vida deles.

PASSO 3. COMPARE A FRASE COM SUAS TRÊS LISTAS E AS EMOÇÕES PRINCIPAIS

Agora que listou todos os pontos, categorizou-os e perguntou várias vezes "Por que isso é importante?" a fim de destrinchar suas categorias em algo que será importante, ocorrerá uma sintonia com quem quer que esteja tentando persuadir. O próximo passo é examinar suas listas de preparação para persuadir e se certificar de que essa nova frase não reforça nenhum obstáculo, que ela é importante para seu público-alvo e que você pode cumpri-la.

Obstáculos do Consumidor	Sua narrativa-mestra reforça algum deles?
Necessidades do Consumidor	Sua narrativa-mestra atende a essas necessidades?
O que Você Pode Cumprir	Sua narrativa-mestra corresponde às coisas que você pode cumprir?

O próximo passo é perguntar: "Qual emoção principal estou acessando?" Muitas das potenciais narrativas-mestras que tínhamos para a AutoCo pareciam boas, mas não acessavam a emoção principal que precisávamos evocar, que era: "Eu me sinto seguro."

Aqui, combinamos a lista de potenciais narrativas-mestras com o sentimento que você quer que as pessoas tenham. Não é preciso testá-las de imediato. Você pode fingir que é seu público-alvo e *imaginar* como ele se sentirá ao ouvir cada uma delas. Queríamos que as pessoas apreensivas com os norte-americanos muçulmanos se sentissem ouvidas e tranquilas. Queríamos que os contestadores das mudanças climáticas se sentissem respeitados e inspirados.

SUA NARRATIVA-MESTRA

O essencial é descobrir qual emoção ela trará à tona, sem julgar essa emoção. É aqui que entra a empatia, de novo.

PASSO 4. TESTE-A COM OS QUATRO *PS*

No livro *The Language of Trust* ["A Linguagem da Confiança", em tradução livre], meu parceiro Michael Maslansky escreve sobre os quatro *P*s, os critérios de acordo com os quais toda mensagem de sucesso deve ser avaliada. Considere sua nova narrativa-mestra e pergunte-se:

1. Ela é *plausível*?

   Ela é específica e você consegue cumpri-la? Seu público pode *acreditar* que você consegue cumpri-la? A linguagem plausível é a chave para que acreditem em você. Para ser plausível, a linguagem precisa atender a alguns critérios. Primeiro, ela precisa ser neutra — isto é, não pode comunicar julgamento. Segundo, ela é integral. Ela representa o que você tem de bom e de ruim, muito parecido com o que discutimos no Capítulo 2. E, finalmente, a linguagem plausível evita alegações absolutas, superlativas e excessivamente ousadas.

   Por exemplo, trabalhamos para uma empresa de alimentos e bebidas que está na mira do debate sobre obesidade. O CEO queria sair e dizer: "Vocês todos estão errados. Estamos comprometidos com um futuro saudável. Um país saudável. E crianças saudáveis." É provável que eu não tenha de dizer a você qual a reação dos consumidores, mas digamos apenas que, quando testamos essa afirmação, houve pessoas suspirando alto e torcendo o nariz de um jeito bem evidente na sala. Mas, quando mudamos a palavra de *saudável* para *mais saudável*, obtivemos uma resposta totalmente diferente. Uma é plausível.

A outra, não. Uma lhes deu crédito. A outra fez com que fossem descartados.

Não é que a afirmação não possa ser audaciosa — empresas podem e devem ter objetivos audaciosos o tempo todo —, mas ela precisa parecer plausível ao público ou você o perderá logo de cara.

2. Ela é *positiva*?

Imagine se você fosse uma empresa de cartões de crédito e precisasse escrever um roteiro para seus representantes de call center para cobrar um cliente inadimplente. Uma formulação negativa seria: "Se você não fizer esses seis pagamentos mínimos consecutivos, poderemos manter por tempo indeterminado a multa da taxa percentual anual em sua conta." Se você a formulasse em termos positivos, diria algo como: "Se você pagar em dia os próximos seis ciclos de faturamento, a multa será retirada. Você retornará à taxa de juros percentual anual original."

O mesmo se aplica se você está participando de um debate. Com frequência, digo que a pessoa que está reagindo não está agindo, e isso significa que está perdendo. Pense na formulação que discutimos sobre a mudança climática. Descobrimos que, ao fazer uma abordagem baseada em medo ou negatividade como "Não podemos deixar isso acontecer. Estamos a apenas alguns anos da catástrofe", afastávamos a maior parte do público que estávamos tentando persuadir. Mas, quando a formulamos com base nos motivos positivos aos quais se atentar, conseguimos que as pessoas comprassem a briga.

3. Ela é *pessoal*?

   Só existe uma coisa que importa: o público. Mas, quando estamos tentando persuadir alguém, quase sempre nosso instinto é falar sobre nós mesmos. Pense em consultores financeiros que dizem algo como "Tenho certificação CFP e licenças das Séries 7 e 12", ou "Tenho mais de 1 bilhão de ativos sob minha gestão", ou "Tenho mais de 20 anos de experiência". Mesmo que todas essas coisas possam ser verdade — e que todas sejam interessantes —, provavelmente não são importantes para o público-alvo. Se um consultor financeiro disser "Adoraria ter uma conversa para compreender seus objetivos em longo e curto prazo. Quero ouvir você um pouco para conseguir criar um plano personalizado para ajudá-lo a realizá-los", você estará muito mais aberto à persuasão e à confiança dele. Uma narrativa-mestra como "Somos o número um" será efetivamente persuasiva apenas se você estiver fazendo seu público se sentir inteligente por ter escolhido a melhor empresa. Sua narrativa é empática? Ela cumpre o que promete?

4. Ela é *prática*?

   Ela fala a língua de seu público-alvo? Sem jargões? Pergunte-se: *Como posso torná-la mais concisa? Como posso torná-la mais perspicaz? Como posso torná-la mais consistente?* Brinque com ela, a fim de torná-la memorável. Quer ela venha em formato de manchete ou empregue aliteração ou rimas, essa é sua afirmação pivô. Não precisa ser totalmente lapidada, só precisa ser memorável e deixá-lo à vontade para repeti-la várias e várias vezes. Portanto, independentemente do rumo da conversa, ela pode voltar ao que você está tentando comunicar. Esse aspecto parece óbvio, mas vemos jargões em todo lugar aonde vamos. Quanto mais você conhece um assunto, produto ou empresa, mais jargões detecta. Então, certifique-se de conferir esse ponto.

Por exemplo, recentemente ajudamos uma corretora de seguros com a linguagem e fizemos alguns ajustes para ter certeza de que ela era prática:

Você diz	Eles ouvem	Em vez disso, diga
Rede	De que rede estamos falando? O que há com minha rede?	Médicos e hospitais prioritários
Premium	Como se fosse especial ou tivesse um custo extra?	Pagamento mensal
Orientações clínicas	Para qual clínica?	Orientações de tratamento

PASSO 5. LEVE-A A SEU COMITÊ DE ASSESSORIA E TESTE SUA RESSONÂNCIA

Então, agora você deve ter uma boa narrativa-mestra. Se não pode pegar o telefone e nos contratar, ainda assim deveria fazer uma pesquisa para ter certeza de que está sendo ouvido da maneira que deseja ser ouvido. Por e-mail, envie algumas opções para amigos e colegas. Ou poste-as no Facebook e peça que votem. Fale com amigos nos passeios com seu cão. Envie uma pesquisa pela SurveyMonkey ou pelo Google Forms.

Ao falar com as pessoas a respeito, talvez descubra que tem o tema certo, mas não as frases certas. Algumas palavras são gatilhos. Inicialmente, pensamos que focar a resolução de problemas da AutoCo seria ótimo, mas aí o público focou o fato de que estávamos trazendo à tona o espectro dos problemas.

Algumas vezes, quando percorremos esse processo, pipocam alguns gatilhos diferentes com os quais ficamos preocupados. Um deles é o que chamamos de *alerta de contradição*, que significa algo que você talvez quisesse dizer, mas que não pode dizer de maneira autêntica e poderia ter problemas por isso.

Como ao banco que queria ser visto como voltado para os consumidores, mas estava em uma onda de execução imobiliária. Sua questão pode parecer boa e talvez seja o que a pessoa queira ouvir, mas é preciso voltar ao que os consumidores pensam de você. Marco um asterisco perto de qualquer coisa que possa levar as pessoas a dizerem: "Não acredito nisso vindo de você."

Depois, prosseguimos e perguntamos: há campos minados em relação à linguagem? No exemplo da AutoCo, a palavra *problema* seria um campo minado em potencial, porque a ideia de mencionar um problema é arriscada. Às vezes, você precisa mencionar o problema para chegar à resposta, e tudo bem. Porém, ao percorrer a lista, é importante considerar duas possíveis armadilhas e compreender os riscos envolvidos se você for uma empresa. Como pode permanecer autêntico e dizer a mesma coisa? Para o banco, era dizendo: "Estamos ouvindo nossos clientes, e é por isso que estamos mudando x, y, z." Este era um modo diferente de expressar que eles estavam voltados para o consumidor e excluía o alerta de contradição.

Quando você marca um asterisco nessas potenciais contradições e campos minados, talvez queira perguntar-se depois: "De que outra maneira eu poderia dizer isso?" ou "Há um modo de poder dizer isso que me ajudaria a ser autêntico?". Ou talvez você perceba: "É um lugar aonde nunca vou querer ir."

Isso não significa que é *preciso* fazer a escolha segura o tempo todo. Apenas saiba com exatidão qual escolha está fazendo, a fim de não ser surpreendido pela reação de seu público. Por exemplo, quando mulheres ouviram pela primeira vez o termo *iPad*, a maioria disse: "É um nome horrível para um produto."

PERSUASÃO

Uma vez, trabalhamos com cartões fidelidade para um banco e, ao analisar processo, listamos todos os benefícios do cartão, mas o que nunca fizemos foi conversar sobre a remoção dos obstáculos. Quando analisávamos a lista, nada parecia diferente das centenas de outros cartões fidelidade por aí.

Então, lemos as letras miúdas de todos os cartões e nos demos conta de uma coisa: "Talvez haja algo em 'sem restrições'. Em vez de o que ele tem, o que é que ele não tem?" Foi aí que chegamos a "sem truques". Mas as pessoas tinham sentimentos distintos a respeito disso. Se você levasse um grupo de amigos para jantar e perguntasse a eles o que sentiam em relação a "sem truques", talvez dissessem: "Um cartão fidelidade 'sem truques'? Não sei, será que quero um cartão com truques? Sei lá. Essa linguagem parece diferente. Não tenho certeza... quero algo sério."

Mas, ao mesmo tempo, as pessoas ficavam com isso na cabeça. Havia algo emocional em "sem truques", em comparação com "dinheiro de volta". "Dinheiro de volta" despertava alguma emoção na primeira vez que os clientes ouviam, mas depois se transformava em algo universal, então optamos por "sem truques", e o retorno foi impressionante. Portanto, em certas situações, usar uma linguagem levemente arriscada nem sempre é ruim.

DESENVOLVENDO SUA NARRATIVA

Um excelente exemplo de uma evolução de sucesso em torno de uma narrativa-mestra duradoura é a Barbie. Todos nós crescemos com a Barbie; era uma marca muito querida. Mas, nos últimos anos, a Mattel enfrentou dificuldades com a mudança de percepção de como a boneca objetifica mulheres e como a boneca cria um modelo de perfeição impossível para as meninas imitarem. Ainda assim, muitos de nós temos ótimas recordações da época em que crescemos com a Barbie.

O que a Mattel fez alguns anos atrás foi voltar à sua única coisa: a questão nunca foi a boneca, mas a menina. Ela lançou, então, uma campanha lembrando as mães de que as meninas usam as bonecas para encenar os próprios sonhos, ambições e esperanças como mulheres adultas. A campanha mostrou menininhas se imaginando como professoras, veterinárias, técnicas de futebol e executivas; ela trazia você de volta ao momento em que era uma menina com um sonho. Essa é uma narrativa-mestra em que as pessoas podem se apoiar. E funcionou. Ela persuadiu as mães de que comprar uma boneca Barbie era investir no futuro de suas filhas.

NARRATIVAS-MESTRAS TÊM O PODER DE REALIZAR MUDANÇAS

A persuasão dura mais do que o marketing ou a propaganda, porque muda as ideias das pessoas. Em 2015, a marca Always lançou uma campanha chamada #ComoUmaGarota, que fazia uma pergunta para lá de poderosa: "Em qual idade fazer algo 'como uma garota' se torna um insulto?" Em 2014, a Pantene iniciou uma campanha chamada #ShineStrong ["Brilhe Forte"] cujo foco foi fazer as mulheres pararem de pedir desculpas o tempo todo. O comercial da Pantene de fato aumentou a conscientização sobre nossa cultura feminina de ficar falando "Desculpe-me" o tempo todo, e mudou o comportamento das mulheres. Não tenho certeza se o comercial vendeu mais produtos para os cabelos, mas havia algo realmente persuasivo em vermos nós mesmas em ação. Ele trouxe conscientização e mudança. Assim como a campanha de 2019 da Nike "Dream Crazier" ["Sonhe mais louco"], esses anúncios acessaram uma emoção poderosa, e o consumidor fez o trabalho para a marca compartilhando os anúncios e assegurando que eles viralizassem. Agora, em vez de apenas divulgar outro comercial de higiene feminina, você estava de fato fazendo algo pelas mulheres.

PERSUASÃO

Na Índia, mulheres fazem 90% das tarefas domésticas e os homens, 10%, mas eles quase nunca lavam a roupa. Então, em 2015, Ariel, uma marca indiana de sabão em pó pertencente à P&G, desenvolveu uma campanha com a BBDO chamada #sharetheload ["divida a carga"]. Parte da campanha foi um comercial em que um pai indiano lia uma carta à filha, que aparece movimentando-se pela casa, fazendo várias coisas ao telefone enquanto toma conta da família. Ele diz: "Minha menininha, agora você é adulta. Você costumava brincar de casinha e, agora, cuida da própria casa e do trabalho. Como me sinto orgulhoso, e como peço desculpas. Eu nunca lhe disse que essa função não é só sua, mas também de seu marido, mas como poderia ter dito se também nunca ajudei sua mãe?" O pai continua: "Seu marido deve ter aprendido o mesmo com o pai... Desculpe seu pai pelo comportamento dele... desculpe pelo comportamento de todo pai que deu o exemplo errado." O vídeo viralizou. As pessoas só conseguiam falar dele. No ano seguinte, mais de 2,1 milhões de homens prometeram dividir a carga e lavar a roupa — e as vendas da Ariel cresceram mais de 111%.

REUNINDO TUDO:
OS PILARES E A NARRATIVA-MESTRA

Antes de passarmos para a Parte 4, quero lhe mostrar o conjunto da obra. Para isso, usarei um estudo de caso de um dos setores mais empolgantes com que trabalhamos: seguros. Brincadeira. O que quero dizer é que usar seguros como exemplo é mostrar a você que tudo isso vai funcionar, independentemente do tópico ou do objetivo.

Quando começamos a trabalhar juntos, a Protection Corp acreditava que seu mercado-alvo não sabia que ela existia, e seu trabalho em comunicação era se apresentar como uma seguradora voltada apenas para as necessidades de pessoas abastadas. O engraçado é que esse não era, de jeito nenhum, o problema. O que descobrimos foi que, mesmo que seu mercado-alvo fosse demograficamente rico, de acordo com sua psicodemografia, ele não se enxergava dessa forma.

Então, sempre que falávamos sobre como a Protection Corp era a seguradora original dos abastados, tudo o que seu cliente-alvo ouvia era: "Ah, então você trabalha para esse cara rico que conheço, não para mim. E vocês são caros demais, porque precisam cobrir os ultrarricos, que não é meu caso." Você poderia conversar com o cara que tinha um barco, mas ele conhecia um cara que tinha dois barcos. Certifique-se de não haver uma cisão entre como você enxerga seu público-alvo e como ele mesmo se enxerga — mesmo que seja adulação!

A Protection Corp sentia que, se pudesse ao menos mostrar aos clientes como precisavam de uma cobertura maior e melhor, eles tomariam uma atitude. O problema é que ninguém via um ponto fraco na cobertura que tinha atualmente, mas pagaria por uma experiência melhor. Ajudamos a Protection Corp a compreender a importância de mostrar como os clientes se *sentiriam* ao trabalhar com eles. Tinha menos a ver com oferecer uma proteção melhor contra riscos ou mais cobertura para artigos caros. Em vez disso, quando a empresa focou as "maneiras de dizer sim aos clientes"; quando falou sobre tratar clientes como pessoas, não números em planilhas; quando falou sobre responder a reclamações dentro de 24 horas e emitir cheques em 48 horas — todas essas afirmações dialogaram com um ponto fraco perceptível de como seria se alguma coisa acontecesse de fato. Aí, seus potenciais clientes quiseram saber mais.

Veja uma lista do que era importante para eles:

- Serviço.
- Reclamações analisadas com rapidez.
- Uma empresa que não esmiuçasse detalhes ou entrasse em pormenores de cada rubrica.

- Uma empresa que não exigisse que você ficasse desenterrando recibos.
- Uma empresa que não abordasse a situação como se vocês estivessem travando uma batalha e uma negociação.
- Uma companhia que está realmente fazendo a coisa certa.

Quando a empresa listou o que poderia fazer:

- Serviço.
- Sinistros analisados com rapidez.
- Eles não esmiuçariam detalhes nem entrariam nos pormenores de cada rubrica.
- Eles não exigiriam que você ficasse desenterrando recibos.
- Eles não abordariam a situação como uma batalha e uma negociação.
- Uma oferta de qualidade, exclusiva.
- Uma variedade de coberturas.
- Expertise.

Seus pontos de argumentação eram:

- Fazer seguro para pessoas abastadas por mais de cem anos.
- Todos os limites de cobertura são os mais altos do setor.
- Os agentes de seguros estão aptos para aprovar seu sinistro.
- Se fossem vagos ao fazer o contrato, eles lhe dariam o benefício da dúvida e o compensariam.
- Aptos para responder a sinistros em 48 horas.

Após examinar essas listas, elaboramos três pilares. O Pilar 1 era: "Procuramos maneiras de dizer sim." O Pilar 2 era: "Procuramos maneiras de fazer mais." E o 3 era sobre "cobertura inclusiva".

SUA NARRATIVA-MESTRA

Depois, chegamos à narrativa-mestra: "Com a Protection Corp, você pode aumentar suas expectativas."

Por fim, encontramos as histórias para sustentá-la. Um ótimo exemplo foi um serviço complementar que ofereciam para incêndios. Se houver um incêndio próximo ao endereço do cliente, eles enviarão uma equipe à casa dele para limpar o matagal e até cobrir a casa da família com um gel à prova de fogo. Eles contaram a história de uma família cuja casa foi poupada. O fogo atravessou a cidade, mas a casa dela não pegou fogo. Quando a família voltou, a Protection Corp já havia retornado e limpado o gel, então tudo o que tive que fazer foi abrir a porta e voltar à vida de sempre.

Por último, deixo uma reflexão. Imagine que você tem 30 segundos em um elevador, ou 2 minutos em uma entrevista de emprego, para causar uma impressão que vai lhe trazer o que você quer. Sua narrativa-mestra é aquela coisa única que você pode fazer para quem quer que esteja tentando persuadir, a única coisa da qual se lembrarão e que é significativa para eles. Histórias principais são paradigmas bastante simples e de uma só frase de quem você é, que transformam seu público em seus embaixadores de marca. Se confia que construiu uma história em torno de seu público-alvo e o conhece a fundo, basta se ater a ela. Você adapta sua narrativa-mestra, mas não muda sua "única coisa".

PARTE 4

HISTÓRIA

7

TORNE A LINGUAGEM VISUAL

Acredito em uma linguagem visual tão potente quanto textos ESCRITOS.

—DAVID LACHAPELLE

Antes de passarmos para o tópico sobre como contar uma história que venda, vamos fazer um balanço do seu processo de persuasão até agora. Você tem uma grande visão com que deseja persuadir as pessoas e sabe qual é a pessoa a quem precisa persuadir de maneira íntima e empática. Elaborou três pilares para seu argumento e uma narrativa-mestra que faz seu público sentir que sua visão é a solução de que precisa. Você está sustentando essa narrativa-mestra com, no máximo, três pontos de argumentação sucintos por pilar. Agora, está pronto para dominar os dois últimos componentes de uma excelente técnica de persuasão que vai ajudá-lo a fechar o negócio: linguagem visual e história.

No meu antigo escritório, eu tinha uma parede cheia de anotações em post-its com as palavras de que menos gostava. As duas principais infratoras eram *molhado* e *balançar*, termos que dão calafrios em mim e na maioria das pessoas. Quando vejo um anúncio que contém esses termos, questiono, sinceramente, se a empresa quer vender o produto. Quando minha última foto lá foi tirada, esses dois post-its foram enquadrados. Clientes em potencial sempre me perguntavam: "Por que sua cabeça está entre as palavras *molhado* e *balançar*?!", e eu lhes contava sobre a parede do meu escritório.

Conforme nosso vínculo se estreitava, eu conhecia pessoas hierarquicamente superiores e, inevitavelmente, elas diziam: "Lee! Você é a mulher da parede de palavras!" Era uma imagem tão memorável que eles a compartilharam internamente. Ela estava se tornando parte da minha narrativa-mestra. A parede foi o símbolo na história de meu compromisso de décadas com supervisão em linguagem, com base em sua característica visceral. E expressou isso de uma forma melhor do que minha frase "Meu compromisso é prestar supervisão em linguagem" jamais conseguiu.

Quando meu parceiro Keith Yazmir começou na firma em 2006 em um cargo superior, ele sentiu desde o primeiro dia que as pessoas estavam tentando entender quem diabos era aquele cara novo. Em vez de se sentar com todo mundo e dizer "Ei, pessoal, relaxa. Não vou puxar o tapete de ninguém, estou aqui para me divertir", o que teria surtido exatamente o efeito contrário, ele enviou um e-mail convidando a empresa toda para uma festinha de quinta-feira em sua sala minúscula. Quando nos reunimos no espaço de 6,5m², havia comidas, bebidas e música, até decoração. Era uma demonstração concreta e visual de seu humor e personalidade. Não somente isso quebrou o gelo: definiu toda a estabilidade dele na empresa. Todos ficamos ansiosos pelas festas no escritório e pelo senso de humor sarcástico de Keith.

Quase todos os dias, tenho que incutir em um cliente que dizer a seus consumidores que acredita em algo ou que está comprometido com esse algo é praticamente inútil sem um visual claro em que se sustentar. Porque é o visual que "gruda" em nossas mentes. Pensamos em imagens. Se conseguir fixar uma imagem positiva na mente de quem quer que esteja tentando persuadir, você está bem mais perto de conseguir o que quer.

Chamamos essas imagens de símbolos. Um símbolo pode ser uma pessoa, um objeto ou uma ação, mas precisa ser concreto e palpável. Não pode ser conceitual. Por exemplo, a política de imigração é conceitual, mas paredes são coisas que todo mundo pode imaginar. Compreendo que ouvir isso causa dor em metade de vocês que estão lendo este livro, mas você consegue nomear algum símbolo visual associado à campanha de Hillary em 2016 escolhido por essa mesma campanha? O símbolo visual da campanha foram os e-mails dela. Por não ter substituído esse símbolo na mente dos eleitores, ela perdeu um componente crucial de sua estratégia de persuasão. Símbolos têm o poder visceral de desarticular a conversa de um jeito que uma história mais longa não tem.

LINGUAGEM VISUAL EM AÇÃO

A função da linguagem visual é plantar um de seus pilares na mente de seu público de um jeito que "cole". Qual afirmação cria uma imagem mais clara: "Sou um ótimo editor" ou "Tenho uma regra: escrever uma vez, editar três"? "Sou um ótimo gerente de projetos" ou "Não consigo sair do trabalho até que cada item da lista de afazeres esteja riscado"?

Quando estávamos trabalhando em uma iniciativa de preservação da água de uma empresa de bebidas, dissemos a eles que, em vez de afirmar que estavam economizando milhões de galões, o que começa a parecer abstrato, dissessem que estavam economizando o equivalente a 15 piscinas olímpicas cheias de água. Isso dava ao público um símbolo visual que se alinhava com sua declaração, o que a tornava muito mais memorável e permitia que os consumidores a repetissem, e é assim que a mensagem se fixa.

A Bounty tem sido "a que absorve mais rápido" há três décadas. Esta é uma história-mestra duradoura que subsiste porque a corporação usa o mesmo visual para sustentar o texto: o papel-toalha úmido que pega o conteúdo derramado antes que ele ultrapasse o limite da mesa e depois ainda é resistente o bastante para segurar um cacho de uvas. Os anúncios não só nos dizem que os papéis-toalhas da Bounty são resistentes; eles nos mostram esse papel.

PERSUASÃO

Uma linguagem visual que "cole" é mais vital do que nunca, porque as instituições não são mais expressivas. Antigamente, uma marca poderia obter uma ótima classificação da J. D. Power e Associados ou o selo de aprovação da *Good Housekeeping*, colocar essa informação ou símbolo na própria embalagem e, então, disponibilizá-la. Agora, são necessárias boas avaliações na Amazon, no Yelp ou no TripAdvisor, e o sucesso de seu negócio está nas mãos de *todos* os seus consumidores, não apenas de um grupo específico de especialistas. Estudos têm demonstrado que consumidores dão mais importância a análises feitas por pessoas comuns do que por profissionais. Isso não tem a ver com lógica, tem a ver com emoção. Portanto, as marcas têm de substituir o apoio visual por um símbolo poderoso que "cole" na mente dos consumidores e tenha uma ressonância emocional.

Após a crise financeira, as pessoas viam os bancos como instituições que usavam uma linguagem obscura para enganar consumidores e fazê-los assinar taxas hipotecárias ajustáveis sem explicar que os pagamentos, cedo ou tarde, aumentariam. As pessoas não sabiam que estavam dando um passo maior que a perna, não entendiam os termos dessas taxas ajustáveis e sentiam que estavam sendo enganadas. Então, um de nossos clientes do setor bancário quis que um de seus novos pilares fosse a transparência, mas o desafio era que a transparência é um conceito abstrato. É ambíguo, e não necessariamente resolvia o problema da confiança perdida. Portanto, perguntamos a nós mesmos: qual poderia ser o símbolo de um compromisso com a transparência?

Brincamos com várias opções diferentes. Dissemos: "Não teremos mais notas de rodapé. Elas terão o mesmo tamanho de fonte de todas as outras coisas em nossos documentos." No fim, ficamos com a ideia de fazer um documento resumido de uma página que acompanharia todos os pacotes hipotecários dali em diante, porque todos sabemos que, ao comprar uma casa, não se tem ideia alguma do que se está assinando. "Esta página diz em linguagem clara, nível aluno do quarto ano, com o que exatamente você está concordando."

TORNE A LINGUAGEM VISUAL

Então, nós o batizamos de Compromisso com a Clareza. O Compromisso com a Clareza declarava que, independentemente do produto ou serviço que você obtivesse do banco ou do quanto esse produto/serviço fosse complicado, não importa se era um instrumento financeiro ou uma hipoteca, você receberia uma página em linguagem clara que resumia tudo aquilo com que estava concordando.

Quando esse símbolo foi adicionado, a iniciativa causou um impacto bem maior. Esse fator de reputação decisivo aumentou substancialmente a satisfação do consumidor. Em outras palavras, agora os clientes acreditavam mais que o banco faria a coisa certa, o que foi uma grande mudança após a crise financeira.

Quando a Starbucks trouxe de volta o CEO Howard Schultz após anos de declínio na fatia de mercado, ela não se limitou a dizer "Estamos voltando às nossas raízes" ou "Estamos reassumindo o compromisso com a qualidade". Eles fecharam todas as lojas no país inteiro durante três horas para treinar novamente todos os baristas a fazer a xícara de café perfeita. Essa história virou notícia nacional, e as lojas fechadas "grudaram" na mente das pessoas como lembrete visual de como a Starbucks se preocupava com o consumidor. Valeu a pena esperar os resultados.

Quando for fazer uma declaração, qualquer declaração, pense na imagem mais vívida que comunique o que você está tentando transmitir. Vasculhe sua missão e afirmações objetivas teóricas e torne-as palpáveis.

A FUNÇÃO DOS SÍMBOLOS

Quando se usa símbolos para apoiar a narrativa-mestra, eles podem executar uma de duas funções. Você precisará ou que seu símbolo o *diferencie* em meio a um mercado concorrido, ou que o *recupere*. De qualquer forma, ele precisa ser memorável e ressoar emocionalmente. Nas páginas a seguir, destrincharei ambas as categorias e, depois, ensinarei você a encontrar a sua.

PERSUASÃO

SÍMBOLOS QUE DIFERENCIAM

Instituições de caridade são sobretudo adeptas deste tipo, porque, para toda causa, há múltiplas maneiras de apoio e um número finito de colaboradores. Pense no St. Jude Children's Research Hospital, em Memphis. Ele não é, em essência, um hospital para tratamentos — na verdade, é um hospital de pesquisa. Há somente 27 leitos, mas tornou seu símbolo as crianças que são suas pacientes, porque pesquisa é algo abstrato. Tem sido incrivelmente eficaz — quando um norte-americano pensa em câncer infantil, pensa no St. Jude.

Quando a Purple lançou seus colchões em 2016 em meio a um concorrido mercado de venda online de colchões, inventou uma coisa a que deu o nome de teste do ovo, quando bombardearam a internet com vídeos de lâminas de vidro sendo jogadas nos colchões que fabricavam, sem esmagar os ovos crus que estavam em cima deles. Agora, o que isso de fato prova? Quem sabe? Mas "colou" na mente dos consumidores e alavancou a Purple ao topo do setor. A Tempur-Pedic colocou uma taça cheia de vinho em pé de um dos lados do colchão, enquanto alguém pulava do outro lado. Esse símbolo foi muito mais poderoso do que dizer "Nossos colchões não conduzem movimento". Foi um símbolo que resolveu a necessidade principal de seus clientes: uma cama que permitiria a alguém que dorme feito pedra sobreviver a uma pessoa que vira de um lado para o outro.

A Gerber Baby é outro exemplo maravilhoso. Há um lindo bebê de gênero ambíguo, uma promessa visual de que, se você escolher os produtos deles, seu filho também será um bebê saudável, com covinhas e sorridente.

Ivory Girl, removedores de cravos da Bioré, selfies da Gwyneth Paltrow sem maquiagem — a indústria da beleza tem historicamente compreendido o poder dos símbolos para arregimentar seu público. "Quem usa shortinho?" Shortinhos são uma imagem vívida e divertida, que se aloja em sua cabeça sem que seja preciso pensar no cheiro ou na aparência de um removedor de pelos.

TORNE A LINGUAGEM VISUAL

Os atletas da Wheaties; os elfos da Keebler; Snap, Crackle e Pop — todos eles foram símbolos que pairaram na consciência de seus consumidores nos anos 1970 e 1980. Eles incorporaram a segunda geração de alimentos industrializados e venceram os bloqueios que as mães tinham em comprar comida embalada para a família. Hoje em dia, símbolos comparáveis seriam os lábios da Kylie Jenner.

SÍMBOLOS QUE RECUPERAM

Quase sempre que uma marca, uma comunidade ou pessoas estão em crise é porque há um símbolo negativo ligado a elas. Para corrigir isso, primeiro é preciso voltar à lista de obstáculos para persuadir o público e se perguntar: *Quais são os símbolos que atualmente meu público associa a mim?* Isso pode ser desconfortável e até frustrante. Mas é crucial fazer uma análise honesta para saber de onde se está começando. Para a AutoCo, o símbolo que precisava ser substituído eram os freios com defeito. Para os norte-americanos muçulmanos, eram as imagens persistentes do 11 de Setembro. Para a PharmaCare, eram os medicamentos. O problema do remédio é que ele é pequeno, dissolve e é impossível convencer alguém de que sua fabricação é cara. Era uma representação visual de todos os obstáculos de seus consumidores. Se voltarmos à minha análise de 360 graus, o símbolo que estava na cabeça de meus colegas era minha cadeira vazia durante as manhãs. Esse era o símbolo que eu tinha de substituir na mente deles. Ou então pense nas montadoras de Detroit que fizeram seus CEOs voarem de jatos particulares para audiências públicas sobre a recuperação financeira de 2008. Depois disso, havia muito pouco que eles pudessem dizer para apagar essa imagem.

Você está tentando um cargo na câmara como conservador fiscal? Houve um castelo inflável e fogos de artifícios no último aniversário de seu filho que podiam ser vistos a quarteirões de distância? Esse é o símbolo que você precisa substituir. Seu produto causou náuseas, anomalias ou o efeito contrário em algumas pessoas? Você voltou à festa da empresa com a saia enfiada na cinta modeladora? Faça uma lista de cada símbolo, não importa quão desleal ou embaraçoso, para encontrar o perfeito para enfrentar e fazê-lo desaparecer.

Para a AutoCo, conforme repassávamos nossa lista de pontos de argumentação do compromisso firmado com a excelência, a inovação e a preocupação com os clientes, o que ficou patente para todos nós foi o porta-copos. É um símbolo claro de sua narrativa-mestra: "Construído para seu estilo de vida." Para a organização dos norte-americanos muçulmanos, falamos sobre beisebol, um símbolo norte-americano por excelência. Quando você imagina alguém jogando beisebol, tem mais chances de encontrar algo em comum com essa pessoa do que se ela dissesse: "Sou norte-americano, exatamente como você." Com a PharmaCare, o símbolo mais poderoso de sua narrativa-mestra eram cientistas trabalhando em um laboratório para descobrir curas.

Há sete símbolos que, por si sós, têm conotações negativas. Empresas costumavam aparecer na TV segurando aqueles cheques enormes, como aqueles de sorteios da Publishers Clearing House. Mas hoje em dia há tanto ceticismo que, quando as pessoas veem isso nos noticiários, parece falso para elas. Não querem ver o cheque simbólico, a *promessa* de ajuda potencialmente vazia; querem ver o resultado. Dizem: "Mostre-me a pessoa voltando para a casa que havia perdido." "Mostre-me que a fábrica reabriu." "Mostre-me a pessoa se formando na faculdade." Pergunte-se: como inovo esse símbolo, como o transformo em uma vantagem real? Como o transformo em um de meus pilares, em algo que será visual e fará essa percepção rodar por aí?

AÇÕES COMO SÍMBOLOS

Às vezes, ações podem servir como símbolos. Ouvir é um exemplo excelente. Pense em quando um candidato não se limita a *dizer* que está ouvindo os eleitores, mas realiza *audiências*. Assim, em vez de chamá-las de reuniões de prefeitura ou oportunidades para conhecer o candidato, ele as chama de sessões de escuta. Outro exemplo de símbolo de ação é a garantia. Dizer que você defende seu produto e oferece reembolso é uma coisa. Oferecer uma garantia é diferente. Pense na política de cobertura de preços do Walmart. Eles não dizem apenas: "Temos os melhores preços em qualquer lugar." Eles não somente exibem seus preços em comparação com os da concorrência; eles cobrirão os preços de outros locais, o que expressa: "Temos um compromisso tão grande em ser o lugar mais conveniente e de melhor custo-benefício para suas compras que, se você trouxer um cupom de desconto de outro local, nós o cobriremos." Esse é um símbolo da promessa deles. De maneira similar, quando a Zappos foi lançada, ela teve que superar o obstáculo de que as pessoas precisavam experimentar sapatos e a maioria não serviria. Assim, eles fizeram da garantia "frete grátis ida e volta" o alicerce de sua persuasão — e funcionou.

SÍMBOLOS QUE NÃO GERARAM RESSONÂNCIA

Em 2015, Jay-Z comprou e relançou o serviço de streaming de música TIDAL. A ideia do serviço era pagar aos músicos royalties mais elevados que qualquer outro serviço, proporcionando uma renda aos milhares de músicos menores que haviam perdido dinheiro por conta do Spotify, da Pandora e da Apple. Celebridades como Madonna, Beyoncé e Rihanna usariam toda a sua influência, forçando as marcas a apoiar a negociação dessas tarifas melhores para outros artistas menos conhecidos. Era para ser uma missão altruísta. O símbolo deveria ter sido uma musicista em Nashville fazendo upload de sua primeira música e ganhando, com ela, o suficiente para se demitir do cargo de garçonete. Em vez disso, a campanha teve como base o símbolo das 16 celebridades parceiras em uma reunião "secreta" no complexo em Hampton de Jay-Z. Não houve identificação ou ressonância, e até hoje o TIDAL tem somente uma fração dos usuários de outros serviços de streaming.

O CEO Ron Johnson teve carreiras bem-sucedidas tanto na Apple quanto na Target antes de entrar na JCPenney em 2011. No passado, a empresa foi conhecida por artigos para o lar e roupas infantis, mas, em meio a dificuldades econômicas e mudanças na gestão, ela havia perdido o rumo. Uma das primeiras coisas que o novo CEO fez foi desenvolver uma nova estratégia para remodelar a marca da empresa, usando o símbolo da tarifação consistente e dizendo, em essência: "Seremos constantemente baratos." No entanto, o problema que os consumidores tinham com a JCPenney, o motivo por que estavam escolhendo a concorrência em vez deles, não era só o preço. Na verdade, muitos clientes costumavam gostar de ir fazer compras na empresa. Vendas no esquema "pegar e levar" acabaram com parte do incentivo para visitar a loja. Um dos maiores problemas que os fregueses tinham era que não achavam que a JCPenney tinha as roupas chiques pelas quais estavam procurando. Entretanto, ao mesmo tempo em que lançava seus preços constantes, a marca também tinha reprojetado as lojas e acrescentado novos estilistas de primeira linha, como o Joe's. Mas ela não aproveitou isso. Foi em uma época em que a Target estava enrolando um pouco, e a JCPenney poderia ter criado um símbolo sobre ser a melhor experiência em compras. É como aponta o especialista em marketing pela Harvard Business School, Rajiv Lal, em uma entrevista para a Harvard Business School Working Knowledge: "Seja como for, alguém tem que articular uma estratégia nova e aprimorada, mas, neste momento, em meio a todas as distrações, isso não está acontecendo. É uma notícia bem ruim para um varejista outrora relevante e para os milhares de homens e mulheres que trabalham lá."* Havia várias abordagens diferentes que a JCPenney poderia ter experimentado se tivesse testado seus símbolos em relação à lista do que era mais importante para seus clientes.

COMO ENCONTRAR SEU SÍMBOLO

Semelhante ao exercício "Por que isso é importante?", quando você tem uma afirmação persuasiva como "Sou implacável contra o crime" ou "Lealdade é meu sobrenome", imagine alguém lhe perguntando: "Mas como?" Isso vai levá-lo a começar a pensar em *como* vai demonstrar, com clareza, seu valor.

"Nós, do Hilton, nos importamos com seu conforto."
Mas como?
"Vamos deixá-lo escolher seu travesseiro ao fazer o check-in."

O travesseiro chama mais atenção para o conforto do que a frase do Hilton, "Nós nos importamos com seu conforto".

De preferência, encontre uma imagem, um gesto simbólico ou uma linguagem visual para ressaltar cada um de seus pilares e sua narrativa-mestra. Para isso, dê uma olhada em sua narrativa e nos três pilares e responda às seguintes questões para cada um deles:

1. Quais imagens ou recursos visuais ilustram melhor o tema ou ponto de vista que está tentando defender? Eis algumas inspirações:

    a. *Se está tentando mudar a opinião que alguém tem sobre você, sua marca ou sua empresa:*

    Qual imagem quer que seu público-alvo tenha em mente? Se está tentando fazê-lo mudar de ideia, provavelmente ele tem uma imagem bem negativa na ca-

---

* Jim Aisner, "What Went Wrong at J. C. Penney?", Harvard Business School Working Knowledge, 21 ago. 2013, https://hbswk.hbs.edu/item/what-went-wrong-at-j-c-penney. [Conteúdo em inglês]

beça. Logo, se for um restaurante que acabou de passar por um problema de intoxicação alimentar, que imagem seus clientes têm? Pessoas no hospital após consumirem comida envenenada? Ingredientes estragados? Ratos na cozinha? Você precisa saber qual é exatamente a imagem, a fim de criar uma que a contraponha. Neste exemplo, como seria a questão da segurança? Uma cozinha limpa? Ingredientes frescos? Familiares comendo juntos? Uma mãe alimentando o filho? Pais escolhendo fazer o aniversário do filho no restaurante? Seja específico. E seja capaz de retratar com palavras essa imagem.

b. *Se você está tentando criar uma imagem onde não há nenhuma:*

Você está lançando um produto em uma categoria totalmente nova. Você é uma startup. Ainda mais desafiador, está lançando um produto totalmente novo, nada parecido com o que as pessoas já usaram. Qual é seu símbolo? Há algumas coisas que pode utilizar aqui. Primeiro, qual problema você está tentando resolver? Pense na Venmo. Foi um modo completamente novo de pagar as pessoas. E nada causa mais ansiedade do que dinheiro. Então, a Venmo fez de emojis seus símbolos. Ela fazia pagamentos de um jeito pessoal e amigável, o que acabou com a ansiedade. Você é novo no bairro e sabe que o último proprietário de sua casa deixou o quintal infestado de ervas daninhas e lixo. Seu símbolo poderia ser um gramado perfeitamente aparado ou uma floreira sempre bem cuidada. Se está lançando um produto novo, qual problema ele resol-

TORNE A LINGUAGEM VISUAL

ve? Recentemente na firma, adquirimos um novo sistema de reembolso de despesas que nos permite calculá-las a partir dos celulares. O que nos fez comprá-lo? A imagem dos recibos amarrotados que estávamos sempre tentando alisar e escanear ao voltarmos para o trabalho após uma longa viagem de negócios. Problema resolvido. Nada de recibos. Símbolo. Imagem. Vendido.

2. Qual gesto simbólico você pode fazer para salientar seu argumento? Como define qual é, ou qual poderia ser, seu gesto simbólico?

   a. Se está mudando percepções, qual atitude tomou recentemente ou poderia tomar de maneira autêntica? Mais uma vez, se é novo no bairro e está tentando dar conta da negligência que o antigo inquilino dispensava ao quintal, um ótimo gesto simbólico seria um bilhete escrito à mão avisando os vizinhos sobre o quanto você admira o gramado deles e pedindo conselhos sobre como deixar o seu parecido.

   b. Se está tentando definir sua posição pela primeira vez, pense nas atitudes que tomou ou que poderia tomar que ilustrarão seus pilares. Quando a Oscar Health Insurance foi lançada em 2012, a empresa enviou um fitbit a cada novo membro e dava descontos em suas premiações se atingissem 10 mil passos por dia. Foi um gesto simbólico que disse, melhor do que palavras poderiam comunicar sozinhas: "Nós o recompensamos por ser nosso parceiro em prol da sua saúde."

PERSUASÃO

A conclusão é que uma imagem vale mais que mil palavras. E, quanto mais conseguimos defender nossa opinião com um visual que destaque nossa mensagem, mais impactante e memorável ela será. Porque com frequência são as imagens negativas que "grudam" em nós. Nosso trabalho no campo da persuasão é substituir essas imagens negativas por outras, positivas. Mudar a narrativa. Mudar a página.

8

PERCEPÇÃO DAS PALAVRAS

Storytelling é o jeito mais poderoso de divulgar ideias no mundo atual.

—ROBERT McKEE

Histórias são um modo crucial de processar e recordar informações, e uma das ferramentas mais poderosas. Tudo o que abordamos (simplificar sua mensagem em *uma só* coisa sustentada por três pilares e reforçada por pontos de argumentação descomplicados — e agora inventar histórias) é uma ferramenta para que o ouvinte recorde com facilidade. Estamos trabalhando para deixar uma impressão duradoura, que se fixará em nosso público-alvo no decorrer do tempo. Pense nisto: daqui a uma semana, quando alguém lhe perguntar sobre este livro, talvez você titubeie ao relatar os nove passos do processo de persuasão, mas se recordará quase literalmente de algumas imagens aleatórias que compartilhei. Você conseguirá contar a um amigo como a PharmaCare reformulou sua marca ou como eu comecei minha carreira. Um arco com começo, meio e fim será a joia que utilizará, talvez para o resto da vida. As histórias fazem com que os fatos "grudem", isto é, se tornem memoráveis. E memorabilidade é uma das chaves para a persuasão. Porque quando sua opinião, marca ou produto é memorável você transforma seu público em sua máquina de RP [relações-públicas] e ele começa a fazer o trabalho para você. É aí que você fica interessante.

Storytelling para marcas e corporações é um grande negócio hoje em dia, e há um bom motivo para isso. Recentemente, tive a chance de conversar com Paul Smith, autor de *Lead with a Story* ["Lidere com uma História", em tradução livre], e ele compartilhou comigo por que é tão importante. Ele disse: "Storytelling faz com que fique muito mais fácil para as pessoas se lembrarem daquilo que você está lhes contando. Ele ajuda a construir relacionamentos sólidos porque dá a seu comprador ou público um tempo para apenas relaxar e o ouvir, em vez de serem pegos em uma avaliação crítica de tudo o que você está dizendo. E histórias são contagiantes. As pessoas divulgarão histórias, mas não divulgarão um memorando ou uma apresentação em PowerPoint." Concordo plenamente.

O que o storytelling faz é demonstrar algo que não poderíamos dizer sobre nós mesmos de outra forma sem parecer hipócrita ou arrogante, como "Aprecio suas melhores intenções" ou "Sou excelente mãe".

Quando se têm histórias consistentes, que você aprenderá a elaborar neste capítulo, seu Plano de Persuasão sempre estará ancorado. Seu público ficará mais relaxado e envolvido. Mesmo que tente revidar, suas histórias o manterão conectado. Você sempre pode recorrer a elas, com a certeza de que o ajudarão a levar seu argumento adiante e tornar sua mensagem mais interessante, envolvente e identificável.

Tenho uma amiga que foi técnica de enfermagem por muitos anos antes de se sentir pressionada a tirar diploma para se tornar enfermeira, poder comprar uma casa maior e ter acesso ao sonho americano. No entanto, ela não estava feliz: não tinha descanso, nunca estava em casa para desfrutar do imóvel novo e sua própria saúde estava piorando. Ela percebeu que tinha de persuadir seu antigo hospital a aceitá-la de volta. Mas ainda havia um ligeiro amargor persistente relacionado à sua partida. Para superá-lo, ela precisaria ter argumentos fortes. Estimulei-a a usar histórias para reforçar sua narrativa-mestra: "De volta e apta a servir melhor."

"Sinto falta", disse ela, "de como era minha geladeira quando eu trabalhava aqui". Esse é um bom começo para desarmar, que atrai a atenção das pessoas. "Não, é sério. Sempre tive, em toda a geladeira, cartões floridos de agradecimento dados pelos pacientes, e eles me faziam sorrir toda manhã antes do trabalho e ao final do dia. Em meu novo emprego, não tenho continuidade de tratamento com os pacientes. Vejo as pessoas por 15 minutos e passo-as adiante. Sinto falta das conexões."

A história, com seu símbolo central da geladeira coberta de cartões floridos, dizia: "Eu era ótima no que fazia; meus pacientes me amavam", sem que ela precisasse afirmar isso. Mais uma vez, é memorável e visual.

Para ter sucesso, as histórias precisam seguir certa fórmula. Devem começar com um gancho convincente. Encontrar um meio instigante de apresentar sua história para que o público preste atenção, algo como a fala de minha amiga que sentia falta de como sua geladeira ficava. O segundo elemento de uma história de sucesso é o apelo emocional. Você quer retomar os principais valores de seu público, as necessidades emocionais dele e procurar uma história que desencadeie essas emoções. Depois, quer terminar sua história com fatos dimensionáveis que vão reiterar seus pontos de argumentação.

Uma das minhas favoritas do setor é: "Como se destrói um Toyota? Alguns anos atrás, um programa chamado *Top Gear* propôs destruir uma picape da Toyota. Eles a prenderam no mar durante a maré alta. Após oito horas dentro da água salgada, puxaram-na para fora e ela deu partida. Bateram nela com uma bola de demolição, e ela deu partida. Atearam fogo nela e a deixaram queimar por um tempo, e ainda assim ela deu partida. Em uma última tentativa, eles a estacionaram no topo de um prédio de 70m que seria implodido. Após desenterrá-la dos escombros, ainda conseguiram dar partida nela. Mesmo que nossos clientes não façam seus Toyotas passarem por esses desafios todos os dias, gostaría-

PERSUASÃO

mos que soubessem que, se fizerem, nós os construímos para subsistir. Oitenta por cento de todos os Toyotas vendidos nos EUA nos últimos 20 anos ainda estão circulando hoje."

A história abre com uma afirmação contraintuitiva que atrai a atenção. Ela aborda os obstáculos e valores centrais de seu público. Então, o carro se torna o personagem principal, e, conforme os desafios vão aumentando, você passa a torcer por ele. Mas o que faz desta uma história perfeita é que ela não o deixa lá e pronto. Porque aí o público poderia ter dito: "Bem, é só essa picape? O que vocês querem dizer com isso?" Foi por isso que incluíram o fato de que 80% dos carros vendidos nos últimos 20 anos ainda estão circulando. Agora, ele é interessante, relevante e dimensionável. Está contando uma história maior.

Resumindo, para uma história ser eficiente, ela deve abarcar quatro aspectos:

1. Ser interessante para seu público.
2. Estar conectada com as emoções centrais que abordamos no Capítulo 3.
3. Ser identificável.
4. Ser dimensionável, isto é, refletir algo maior que você está tentando provar.

Agora vou destrinchar cada um e compartilhar exemplos de histórias que estabeleceram conexão — e outras que não.

INTERESSANTE PARA VOCÊ NÃO SIGNIFICA INTERESSANTE PARA ELES

Alguns anos atrás, após trabalhar em uma iniciativa relacionada à água na Índia, uma empresa de bebidas nos consultou porque queria, como um dos pilares, o compromisso de ser neutra em água em 2025. No início, me perguntei: *Como uma empresa de refrigerantes pode ser neutra em água?* Mas, depois, soube que ela era proprietária de várias marcas mais saudáveis. Agora, nosso desafio era fazer o público se importar com o compromisso da empresa de ser neutra em água e querer apoiá-la escolhendo seus produtos, em vez dos de seus concorrentes menos sustentáveis.

Então, começamos a marcar reuniões com pessoas que trabalhavam na empresa para coletar pontos de argumentação e dar início a nosso processo de persuasão. Primeiro, soubemos por um homem que trabalhava na marca de batatas chips da empresa que, na verdade, ela era a principal produtora de batatas na China e nos Estados Unidos. Ela descobriu que, no processo de pegar a batata para liberar sua água e fritá-la, uma quantidade enorme de água estava sendo gerada, que agora era reutilizada nas plantas a fim de que as fábricas não tivessem que usar nenhuma outra água para fazer batatas chips.

Essa era uma história interessante, sagaz e contraintuitiva. Em primeiro lugar, as pessoas não pensam em batatas e refrigerante. Em segundo, não acreditam que há maneiras de uma empresa de bebidas *gerar* água em seu pipeline de produtos, mas a companhia encontrou uma.

Um de meus colegas estava andando pelo chão de fábrica de uma montadora de veículos e notou que todo mundo estava usando faixas absorventes. Ele perguntou: "Por que todo mundo está usando faixas?" A reposta foi: "Ah, enfaixamos nossos relógios e alianças para não arranharmos o carro."

Meu colega perguntou: "Bem, por que não estão contando essa história para ilustrar que vocês se atentam à qualidade?"

Eles responderam: "Porque toda montadora faz isso. Não é novo, não é interessante."

Meu colega rebateu: "Mas vocês estão tentando defender o fato de que prestam atenção aos detalhes, e ninguém mais sabe que essa é uma prática comum. Se contarem a história, serão vocês que levarão o crédito por ela."

Não relute em contar uma história que possa parecer óbvia para você. Com frequência, clientes hesitam em compartilhar histórias óbvias para si, mas, quando você se lembra de que está tentando persuadir pessoas de algo que elas ainda não sabem, é crucial apresentá-las a ideias que você toma como certas.

Ao persuadir, ou seu público não sabe nada sobre você, ou tem uma opinião totalmente diferente a seu respeito do que a que você tem sobre si mesmo. Qualquer história que talvez tome como garantida deve ser um alvo fácil. O que você quer ser capaz de verificar não é aquilo que pensa que é interessante, mas se acredita que alguém terá tido esse tipo de experiência ou ouvido algo assim alguma vez.

Isso vale para ambos os casos, porque, para um político, você quer uma história que seja um ponto de conexão, que faça os eleitores pensarem: *Também tenho um neto, também trabalhei muito para ser alguém na vida*. Não necessariamente tem que ser revelador; só precisa ser autêntico e identificável. Ronald Reagan foi o primeiro presidente a trazer cidadãos ao discurso sobre o Estado da União, dizendo: "Encontrei esta pessoa na rua. Ela é o motivo por que estamos lutando contra a fome; ela é o motivo por que estamos em guerra contra as drogas." Hoje, esse procedimento virou padrão — porque funciona. Porém um aviso a nossos clientes: você precisa tomar cuidado para que as histórias não sejam repetitivas. Elas devem ser reais.

Se está tentando convencer alguém a trabalhar para você, que sua empresa é ótima, há um jeito melhor do que contando histórias? Se sabe que a pessoa tem filhos pequenos, provavelmente vai querer lhe contar uma história sobre como sua empresa o apoia a encontrar um ponto de equilíbrio, ou que alguém não está trabalhando hoje porque a filha tem um recital, ou que o chefe vai embora todo dia às 18h para poder jantar com os filhos e então volta a trabalhar online. Você está ilustrando a questão de que esse é um local de trabalho que favorece famílias. Não é só uma história por si só; é para ilustrar sua questão, para reforçar sua narrativa-mestra e seus três pilares.

PERCEPÇÃO DAS PALAVRAS

Só porque essa história faz parte da rotina da *sua* vida, não quer dizer que é um tédio para seu público. História é o que traz tudo à vida.

EMOCIONAL

Para serem eficazes em termos de persuasão, todas as histórias devem acessar uma emoção central. Elas fazem isso ao seguir certas regras, desenvolvidas ao longo de milhares de anos, que trabalham com o que nossos cérebros acham satisfatório. Da *Poética*, de Aristóteles, a *O Herói de Mil Faces*, de Joseph Campbell, muita coisa tem sido escrita sobre o que, como público, exigimos de uma narrativa para achá-la ressonante. Histórias têm que ter um arco, com início, meio e fim. Deve haver um protagonista. Uma luta por um claro objeto de desejo. E uma resolução. Quando o assunto é persuasão, no entanto, devemos ter em mente mais critérios.

Primeiro, você precisa ser específico. Se uma empresa farmacêutica diz "Curamos doenças", é vago e difícil de estabelecer conexão. Em vez disso, se ela diz "Este homem tem HIV e está comemorando seu octogésimo aniversário", ou "Esta mulher tem câncer e viverá para ver seus três netos crescerem", ou "Graças à nossa vacina, esta criança está protegida contra sarampo", o público consegue enxergar a si mesmo no paciente. Se você diz que vislumbra um mundo livre de doenças, isso é ambicioso demais. Também vai na contramão da ideia da mudança gradual, importante para a persuasão. No entanto, se disser "Alocamos 80% de nossa pesquisa para combater as doenças mais graves, como câncer, mal de Alzheimer e cardiopatias", estará em uma situação melhor.

A segunda chave é decidir quem será o herói de sua história. Você, a empresa ou o produto? Nem sempre isso é óbvio no início. Mas, à medida que vai escolhendo as histórias, pense nisto: você sempre deve criar um protagonista por quem o público consiga sentir empatia. Se ele consegue se reconhecer no personagem, acabará torcendo por si mesmo. Robert McKee fala sobre isso no livro *Storynomics*. Ao escolher histórias, elas nem sempre precisam incluir você ou sua empresa. Na verdade, nem todas elas devem. Enquanto você definitivamente precisa ter histórias sobre si mesmo, também precisa ter histórias sobre e de outras pessoas, ou as histórias que pode contar serão extremamente limitadas.

Depois, decida quem será o herói. Por exemplo, quando estávamos trabalhando com uma empresa farmacêutica, tão importante quanto decidir quem contaria as histórias eram as mensagens em si. Descobrimos que a mensagem era *muito* mais consistente quando vinha dos funcionários — especificamente, os cientistas — do que dos executivos.

A terceira chave é retomar os obstáculos e valores de seu público. Quando você diz algo como "A descoberta nos motiva", fala sobre você mesmo, então isso não corrige o obstáculo de pensarem que vocês se importam apenas com vocês mesmos. Se o maior problema que o público a seu respeito é pensar que você é ganancioso e que o lucro o motiva, ele dirá não logo de cara. Se ouvimos algo que vai totalmente de encontro ao que acreditamos, nosso cérebro vai se fechar.

Para a PharmaCare, essa conexão emocional era importante, então tivemos que começar com histórias que humanizavam a marca. A narrativa-mestra foi: "Explorar curas; acrescentar anos à sua vida e vida aos seus anos", e contamos a história de um garotinho que cresceu em Nova Jersey e se tornou um químico que descobriu um antibiótico nas florestas de pinheiros de seu estado natal.

IDENTIFICÁVEL

No filme *Antes Só do que Mal Acompanhado*, Steve Martin diz a John Candy: "Sabe, quando você está contando essas historinhas, uma boa ideia é: tenha um objetivo. Isso as deixa muito mais interessantes para o ouvinte!" É engraçado, porque é verdade. Todos nós já chegamos ao fim de uma história que parecia não ter objetivo algum.

PERCEPÇÃO DAS PALAVRAS

Com frequência abordamos empresas que elaboraram projetos incríveis de histórias, e têm belos exemplos e anedotas sobre quem são e o que defendem. Mas, a menos que venham com todo o pacote trabalhado nos Capítulos 5 e 6 e continuem retomando as necessidades, valores e obstáculos do público, elas podem falhar em sustentar o objetivo e errar o alvo.

Um exemplo de empresa que queria evitar cometer exatamente esse erro é a Hershey's, que começara uma iniciativa incrível de nutrição na África. Sabiamente, ela queria antecipar qualquer repercussão que pudesse resultar por não ter começado com os milhões de crianças subnutridas no próprio país. Percebemos que ela precisava começar com a própria história: "No início dos anos 1900, Milton Hershey abriu uma escola para crianças desfavorecidas na Pensilvânia; esta nova iniciativa está seguindo essa história." Asseguramos que cada tópico começasse com o que a empresa faz pelas crianças no país, do projeto BackPack em St. Louis à parceria com a Rise Against Hunger. Esse novo trabalho na África precisava ser visto como apenas o capítulo mais recente na história dos cuidados que a Hershey's dispensava às crianças.

Alguns anos atrás, na fábrica da AutoCo em Kentucky, uma pessoa querida da equipe foi diagnosticada com câncer de mama. Por conta da doença, ela foi forçada a tirar licença médica para fazer mastectomia. Em seu último dia de trabalho antes da cirurgia, mais de 90% dos membros da equipe e da gerência na fábrica de Kentucky usaram camisetas e faixas cor-de-rosa como demonstração de apoio. Eles queriam que ela soubesse que a família AutoCo estava pensando nela e lutando ao seu lado contra o câncer. Até hoje, membros da equipe falam sobre como isso foi comovente.

No entanto, essa é uma história muito interessante, mas não se associava ao que estávamos tentando usar para convencer as pessoas — que a AutoCo fabrica carros para o seu estilo de vida. Se você está tentando persuadir alguém de que a AutoCo é um bom lugar para trabalhar, seria diferente. Este é um exemplo excelente

PERSUASÃO

de história comovente que não cumpre o que é necessário, porque não conduz a um pilar da narrativa-mestra.

Eis um exemplo de história identificável e relevante. Quando estávamos trabalhando com a AutoCo no terceiro pilar, *juntos*, sabíamos que as pessoas não conheciam o lado comunitário da empresa. Portanto, estávamos tentando encontrar a história certa que destacaria isso. Eles compartilhavam o próprio know-how com pequenas firmas e organizações sem fins lucrativos, ajudavam as relações entre colegas a serem mais eficientes e a reconstrução de casas pós--desastre a acontecerem mais rápido. Mas a história específica que escolhemos foi esta:

"Na AutoCo, acreditamos que uma comunidade próspera apoia todos os clientes. É por isso que compartilhamos nossa expertise com organizações norte-americanas que necessitam de apoio extra. Por exemplo, uma pequena fabricante de canos e peças estava perdendo mercado para países estrangeiros. Ela considerava a hipótese de realocação para reduzir custos de mão de obra ou fechar por completo. Disponibilizamos nossos engenheiros para fazer parceria com ela, a fim de aumentar a produtividade, reduzir custos e melhorar a qualidade, tudo isso sem redução de pessoal.

"Agora, a empresa está crescendo e exportando seus produtos para mais de 100 países. Ela é apenas uma em mais de 20 firmas que estamos ajudando hoje, com um compromisso de trabalhar com 40 organizações a cada ano."

Desta vez, a história tem uma mensagem mais consistente, que se liga ao *Por que eu me importo?* do público. Porque a AutoCo está ajudando a manter empregos nos Estados Unidos, e esta parece uma vitória identificável para seus clientes, a qual eles querem apoiar.

DIMENSIONÁVEL

No entanto, há uma ressalva fundamental no uso de histórias. Elas precisam ser dimensionáveis e representar algo que é verdadeiramente importante para seu público. Por exemplo, temos muitos clientes do setor farmacêutico que querem contar histórias de aquecer o coração sobre um de seus pacientes que, contrariando todas as expectativas, sobreviveu por causa de um teste clínico. Mas o que descobrimos ao testarmos esses anúncios é que as pessoas perguntam: "Foi só esse paciente? Você está expondo meias verdades ou isso representa algo maior?"

Lembro-me de 2009, quando estávamos falando sobre a tentativa de um banco de restaurar comunidades nas quais tinham ocorrido muitas execuções imobiliárias. Ele tinha um dia de trabalho voluntário em que funcionários saíam e ajudavam a remobiliar casas nas quais tinha havido vandalismo por conta do abandono. O que achei interessante foi que, quando contamos a história em grupos de foco, as pessoas reagiram: "Bem, agora o banco está levando crédito pelo que os funcionários fizeram. Seus funcionários se sentiram tão mal em trabalhar para o homem que fizeram isso."

Então, reformulamos: "Temos um compromisso em ajudar todo mundo que perdeu a casa a encontrar um lar e disponibilizamos escritórios por todo o país que ajudarão a colocar as pessoas em lares. Ouça esta história: Roger Johnson serviu no Iraque. Quando voltou para casa, taxas de juros baixas fizeram com que investir no sonho americano fosse uma realidade para ele. Porém, quando seus antigos ferimentos pioraram e ele teve que declarar invalidez, não conseguiu pagar seu financiamento oscilante. Mas, graças a nosso programa de refinanciamento e serviço de recolocação domiciliar, encontramos para Roger e sua família um novo lugar para morar, perto de seu trabalho. Até agora, realocamos 17 mil pessoas em casas este ano." Assim, essa história é parte de uma narrativa mais poderosa.

PERSUASÃO

Na AutoCo, podíamos apenas ter dito: "Somos a primeira empresa com bancos traseiros ajustáveis", mas como isso se conecta ao consumidor? Em vez disso, dissemos: "Cada um de nossos engenheiros passa 2 anos na estrada estudando como usar nossos carros. É preciso 7 mil engenheiros para fazer um único carro." Isso parece muito maior do que somente aquela história.

No caso de empresas farmacêuticas, aprendemos que temos de dizer: "Este paciente agora está curado *e* atualmente temos 400 testes clínicos com 73 mil pessoas." Então, esse paciente curado não se torna um caso isolado, mas parte de algo mensurado e real.

Ao pensarmos no exemplo do norte-americano muçulmano sobre o qual conversamos anteriormente, se eu lhe contasse uma história bonita sobre um veterano da terceira geração que era muçulmano você poderia me dizer: "É só um. Isso prova o quê?" Mas se eu lhe dissesse: "Na verdade, neste exato momento, há um contingente militar ativo de 10 mil pessoas, formado por muçulmanos, e tem um amigo meu que é da terceira geração deste país. Ele tem três filhos. O motivo do alistamento foi que, após o 11 de Setembro, ele ficou tão chateado por conta do ataque ocorrido em nosso país em nome de sua religião que disse que tinha de se alistar." Agora você tem uma história ligada ao tema da segurança e o ponto de argumentação da participação de norte-americanos muçulmanos nas forças armadas; ela também tem um início, um meio e um fim atraentes. Então, a história se torna parte de um debate.

A todo momento descubro que, se digo na cidade de Nova York, maior colégio eleitoral dos democratas: "A caracterização dos apoiadores de Trump é injusta. Deixe-me contar-lhe sobre meu irmão", as pessoas respondem: "Certo, você conhece um. E o resto?" Sou mais persuasiva se, em vez disso, digo: "Nos últimos três anos tenho conversado com milhares de apoiadores de Trump e o que descobri é que eles querem as mesmas coisas que você: empregos e esperança. Por exemplo, meu irmão trabalhou duro por muito tempo; a crise financeira afetou sua carreira. Ele havia perdido a esperança e se sentiu realmente excluído e esquecido pela maioria dos políticos. Donald Trump lhe deu esperança. Sei que há centenas de milhares de pessoas país afora que estão na mesma situação, seja morando perto de fábricas que fecharam ou em uma indústria que se dissolveu. E seríamos tolos se não déssemos ouvidos a elas. Apoiar Trump não as torna más; torna-as humanas."

Se estou tentando persuadir democratas a se aproximar dos eleitores de Trump e a tentar, com empatia e autenticidade, ir ao encontro de suas necessidades e remover seus obstáculos, eu lhes diria para focar mais os empregos. Eles poderiam pensar em alguém como meu irmão e compartilhar por que o jeito deles é o melhor para prover empregos e por que vai fazer mais pessoas voltarem a trabalhar.

VENCEDORAS

A 7-Eleven pediu nossa ajuda para persuadir as pessoas de que elas poderiam comprar sanduíches locais e frescos em um lugar mais famoso pela comida embalada e processada. Eles contataram vendedores locais para começar a vender seus sanduíches na 7-Eleven, mas precisavam de um símbolo e de uma história para persuadir o cliente. O símbolo que emplacamos foi um letreiro acima dos sanduíches no qual se lia: Feito hoje de manhã. Entregue por _ , e o nome do fazendeiro local que os fez. Então, tivemos que contar a história da pessoa local que estava fazendo os sanduíches para contra-atacar o fato de que clientes pensavam que eles vinham de uma fábrica ou tinham sido feitos quatro dias atrás, sabe-se lá onde. A rede de fazendeiros se tornou o rosto da campanha.

Outro exemplo: a L'Oréal queria exibir algumas de suas marcas menores e o espírito empreendedor que ainda subsiste na empresa. Isso ajudava a atrair clientes novos e a inspirar funcionários a querer trabalhar lá. Então, decidiram tornar a fundadora de uma de suas marcas, Lisa Price, a cara da L'Oréal. Ela fundou seu negócio em sua casa no Brooklyn, onde desenvolveu loções e produtos para o cabelo e os vendeu em mercados do bairro. Em anúncios de vídeos, a Srta. Price, que ainda tem envolvimento na empresa, anda na escada rolante no escritório da L'Oréal de Nova York. Imagens a mostram cozinhando, ao lado da mãe e, por fim, no programa de Oprah Winfrey. A câmera, então, enfoca um troféu comemorativo da aquisição da Carol's Daughter pela L'Oréal no fim de 2014. No vídeo, que percorreu as redes sociais, a Srta. Price diz: "Eu realmente consegui ver um sonho se tornar realidade." Outras histórias sobre essa iniciativa incluem as marcas de produtos de beleza Urban Decay, IT Cosmetics e Seed Phytonutrients, apresentando os fundadores dessas marcas, que ainda estão envolvidos. Matthew DiGirolamo, oficial de comunicações da L'Oréal nos EUA, argumenta que essas histórias estão provando ser uma mensagem de marketing mais poderosa que das muitas abordagens mais tradicionais já usadas.

CONCLUSÃO

Independentemente de estar em uma entrevista de emprego, defendendo uma causa que considera importante ou construindo uma marca, você deve ter pelo menos uma história pronta para provar seu argumento, ilustrar os pilares de sua narrativa-mestra e trazer cor às pessoas com quem está conversando. Então, como encontrá-la? Volte à sua narrativa-mestra. Aos seus pontos de argumentação. Ao seu símbolo. Você encontra uma história que ilustra o que é aquilo que só você propõe. Mesmo que pareça um exagero, Paul Smith afirma que: "Você precisa realmente ter centenas de histórias em seu repertório, como cartas na manga, prontas para contar no momento certo, dependendo da situação."

PERCEPÇÃO DAS PALAVRAS

O exercício que precisa fazer agora é escolher suas histórias. Lembre-se: nós nos conectamos por meio delas, e não de fatos. Não compartilhamos fatos ao redor da fogueira. Percorra esses passos, comparando-os com sua narrativa-mestra e cada um de seus pontos de argumentação. Encontre as histórias que melhor ilustrem seu argumento. Às vezes, a história é como você decidiu mudar de carreira. Às vezes, é sobre como você resolveu um desafio similar para outra pessoa. Às vezes, é para ilustrar seu compromisso com a comunidade. Qual é a história pessoal e autêntica que você contará para tornar sua narrativa-mestra memorável?

PARTE 5

APROPRIAÇÃO

9

PERSUASÃO EM TREINAMENTO

Não é o que você diz, é o que eles ouvem.

– SLOGAN DA MASLANSKY + PARTNERS

Agora você tem o *esboço* de seu Plano de Persuasão. Esta é sua base, seu ponto de partida. Porém, até que saiba como as pessoas reagirão a ele e como você reagirá ao usá-lo, não dá para ir adiante. Eu vi isso acontecendo várias e várias vezes. Você tem a mensagem. Você a praticou. Você a preparou. Aí chega a hora de persuadir alguém de fora de seu círculo de testes, e ela cai por terra. Recentemente, eu estava assistindo a uma entrevista com um CEO em um quadro de um programa matinal. Ficou claro que ele tinha argumentos, os quais pensava que persuadiriam as pessoas a reinvestir em sua empresa, fazendo clientes voltarem a consumir sua marca. Ficou claro que sua narrativa-mestra era a de que sua empresa de alimentos era inovadora. Não importa a pergunta que lhe fosse feita, a resposta era: "Vamos inovar e deixar nossos alimentos mais saborosos." Foi doloroso assistir. Não sei se ele apenas não estava preparado ou se não tinha permissão de sua equipe jurídica para falar sobre algo além de inovação. Mas a entrevista foi um desastre. E, mais tarde, ao procurar seu nome no Google, descobri que não era mais CEO daquela empresa.

PERSUASÃO

O propósito desta história é: um Plano de Persuasão no papel é só um plano. Você ainda não sabe como ele será quando sair da sua boca. Você ainda não sabe como seu público-alvo reagirá. Você ainda não sabe quais perguntas serão feitas. É por isso que essa fase tem tudo a ver com prática. Encenação. Simulação. Testes. Refinamento. Chame como quiser, mas é preciso ter *certeza* de que a mensagem desenvolvida terá o impacto que você quer que tenha. Minha recomendação é: se seu orçamento permitir, ligue para mim. Fico feliz em ajudar. Se não quiser me ligar, ligue para uma empresa de pesquisas. Se não tiver nenhuma verba, descubra de três a cinco pessoas que realmente representem seu público-alvo e pergunte se pode levá-las para tomar um café, almoçar ou beber alguma coisa, e discuta algumas ideias com elas. Se está procurando pessoas de fora de seus círculos típicos, as redes sociais podem ser extremamente úteis. Divulgue no FaceTime um anúncio sobre o que está procurando ou converse com pessoas que atendam a um critério específico, por exemplo: "Procuro mulheres de 55 a 60 anos cujos filhos em idade escolar ainda morem em suas casas." Garanto que, mesmo que você não as conheça, conhece alguém que as conhece.

Considere também perguntar a um amigo que possa ter a mentalidade de seu público-alvo se ele toparia uma encenação. Digamos que você queira persuadir seus sogros a parar de dar tantos presentes a seus filhos. Usar um amigo ou um colega no próprio grupo demográfico pode ajudá-lo a ver a questão do ponto de vista deles e a preparar seus argumentos.

É aqui que a coisa se complica. Mesmo que tenhamos nos preparado o melhor que pudemos, é apenas depois que vemos nossas mensagens ganharem vida no mundo real que podemos compreender de fato como elas serão recebidas.

PERSUASÃO EM TREINAMENTO

APRENDENDO IN LOCO

Fomos contratados por uma empresa de dispositivos médicos para persuadir cirurgiões cardíacos a adotar uma nova válvula substituta. Antes da invenção feita por essa empresa, havia somente dois tipos no mercado, uma válvula cardíaca natural e uma cardíaca mecânica. Ambas tinham seus contras. As naturais, tipicamente bovinas ou suínas, desgastavam mais rápido, necessitando de outra cirurgia a cada dez anos mais ou menos. As mecânicas duravam mais, mas a pessoa precisava tomar anticoagulantes para o resto da vida, o que trazia uma série de riscos.

A empresa estava apresentando uma válvula cardíaca inovadora, que não se desgastaria nem exigiria anticoagulantes. Era respaldada por excelentes estudos e uma mudança geral de paradigma. Estávamos muito empolgados para sair e falar a respeito, porque pensávamos que ela se venderia por si só. Porém, quando conversamos com cirurgiões, eles disseram sem pestanejar: "Não, não a queremos."

Nossa narrativa-mestra e linguagem estratégica caíram totalmente por terra.

Chocados, fizemos uma pausa após três séries de entrevistas para deliberar com o cliente. Discutimos por que a linguagem estratégica não estava funcionando e continuamos a falar sobre como era difícil chegar até os médicos. Por conta de anos de treinamento, eles sempre pareciam saber mais. Batemos de frente até dar um passo para trás e tentar ter empatia em relação a eles. Por que não conseguiam ouvir nossa mensagem? Qual era o obstáculo? Decidimos que tínhamos de fazer com que isso fosse ideia dos médicos. Não podíamos obrigá-los a engolir a mensagem.

O novo problema era que essa conclusão foi baseada em nossos preconceitos contra médicos. Sabíamos, por experiência própria, que não se pode construir uma estratégia de linguagem persuasiva

PERSUASÃO

e empática a partir de uma situação de julgamento. Então, o que mais poderia ter sido?

Voltamos à estaca zero, nos forçamos a manter a curiosidade e começamos a analisar os dados recém-coletados. De repente, ocorreu que *talvez eles estejam com medo de tentar algo novo*. E acontece que era isso. Se tinham uma coisa já aprovada, os médicos não queriam tentar algo que percebiam como arriscado em um paciente que confiava a própria vida a eles.

Tudo aquilo que estávamos comunicando — que o produto era novo em folha, inovador e que mudaria paradigmas — fazia com que pensassem que ele não era aprovado. Eles confiavam nos procedimentos e nas válvulas que vinham usando.

O que percebemos foi que tivemos de eliminar toda a ênfase terminológica relacionada à novidade do produto, embora ainda comunicando que era algo que mudaria por completo a vida dos pacientes. Voltamos e testamos uma terminologia nova, e os médicos responderam de maneira extremamente positiva a *avanço*. Não conseguimos entender. Depois de um tempo, perguntamos: "Por que vocês gostaram de *avanço*, mas não de *inovador*?" O que aprendemos foi que eles ainda se referem à penicilina como uma droga "avançada", muito embora não seja nova. Então, no universo médico, um produto ou procedimento pode ser um "avanço" e, ainda assim, seguro.

A válvula revolucionou a cirurgia cardíaca. Em momentos assim, você pensa que está tudo perdido. Porém, se você mantiver a curiosidade em vez de desistir, a chave pode se revelar in loco.

PERGUNTAS PARA TESTAR SUA ESTRATÉGIA

Segue uma síntese de perguntas que você deve fazer às pessoas com quem quer se conectar. A maioria delas deve parecer familiar, porque resumem muitos dos passos que percorremos até chegar aqui.

POSIÇÃO DE BASE

Antes mesmo de começar a conversa, saiba quais são as referências da pessoa em relação ao assunto. Depois, descubra por que ela se sente como se sente. Mais uma vez, você precisa ser neutro e curioso durante essa parte da entrevista.

1. **Crenças atuais.** Antes de começar, pergunte à pessoa quais são suas crenças sobre o assunto, produto, empresa ou cargo. Não critique a resposta dela, apenas ouça.
2. **Por que acredita nisso ou pensa assim?** Pergunte por quê. Qual é a experiência dela (se houver alguma) com o tópico? O que ouviu por aí? O que a influenciou? Onde obteve informações? O quanto isso impacta sua vida cotidiana? O que é importante para ela em relação ao assunto?

O QUE OUVEM

Depois, peça às pessoas que o ouçam e não comentem nada até você terminar. À medida que fala, peça que elas anotem quaisquer perguntas ou comentários em um pedaço de papel, para mais tarde.

Guie-as por seus pontos de argumentação.

Então, faça-lhes as perguntas a seguir, e peça que anotem as respostas antes de discutirem o que responderam.

1. **O que você ouviu?**

    Sem comentar nada, peça à pessoa que repita o que ela extraiu da mensagem. Em nossa empresa, com frequência dizemos que não é o que você diz que importa, é o que ouvem. Portanto, você pode descobrir que, mesmo que tenha pensado que estava dizendo x, seu público está ouvindo y. É por isso que essa fase é exploratória. Muitas vezes descobrimos coisas que nos surpreendem. Às vezes, é uma coisa simples. Por exemplo, um tempo atrás eu estava trabalhando para um gestor de ativos que queria conversar sobre suas soluções de investimento personalizadas. Descobri que muita gente não gostava da palavra *soluções* quando o assunto era investimento. Por quê? Quando ouviam a palavra *solução*, eles ouviam que tinham um problema, o que implicava que estavam fazendo mau uso do próprio dinheiro. Parecia um insulto sutil. Além disso, os investidores também me contaram que uma solução é uma questão pontual. E os clientes queriam algo em longo prazo. O termo que adotaram foi *estratégia*. Surpreendente, certo? Mas é verdade. Às vezes, é algo simples assim. Às vezes é muito, muito mais complicado.

2. Esta mensagem é importante para você? Se sim, por quê? Se não, o que é importante?

Saiba se alguma coisa em relação à mensagem é relevante para seu público-alvo. Se não houver nada significativo nessa mensagem, ele a ignorará. Será sorte se alguém se lembrar dela em uma semana. Então, é importante ter certeza de não estar apenas compartilhando uma mensagem importante para você. Você está compartilhando uma mensagem que é importante para o público. Às vezes, uma diferença sutil pode fazer toda a diferença. Por exemplo, você pode ter dito: "Tenho a experiência adequada para o cargo." Para a pessoa com quem está conversando, talvez isso não importe. Talvez haja 20 pessoas na sala de espera com a experiência adequada. Mas, se disser: "Já fiz isso antes, e posso fazer de novo de um jeito que aliviará sua carga", essa maneira de se expressar fará toda a diferença.

PERSUASÃO EM TREINAMENTO

3. O que você fará de diferente, se fizer, por causa desta mensagem?

   Argumentos persuasivos de verdade causarão algum tipo de mudança comportamental ou de crença. Você até pode não chegar aonde quer, mas quer que o público chegue pelo menos até metade do caminho. Confirme o que ele diz que fará e compare com as ações que você deseja. Você está chegando perto? Está fazendo progressos rumo ao caminho certo? Se não, certifique-se de perguntar o porquê. O que está impedindo-o?

4. O que você aprendeu que anteriormente não sabia?

   Com frequência, dizemos que tudo o que é ambíguo será interpretado de maneira negativa. Se alguém aprendeu uma coisa nova *e* essa coisa nova é positiva, é provável que esteja no caminho certo.

5. Há algumas palavras ou frases que lhe saltam aos olhos, no bom ou no mau sentido?

   Convenhamos, toda linguagem traz uma bagagem. Tome, como exemplo, a palavra que mencionei antes: *molhado*. Eu odeio esse termo em qualquer contexto. Não quero bolo molhado. Cookies molhados. Nada molhado. Se ouvir a palavra *molhado*, fugirei para as colinas. Da mesma forma, você pode estar acionando gatilhos em seu público com o mais simples dos termos.

6. Quais emoções você sente quando ouve esta mensagem?

   No Capítulo 3, falamos sobre o Triângulo da Mudança. É importante dar uma olhada para assegurar que você está acessando as principais emoções das pessoas. Portanto, faça com que verifiquem se alguma das seguintes emoções se aplica e que preencham as lacunas:

PERSUASÃO

a. Estou com raiva de _____
   porque _____.
b. Eu me sinto triste com _____
   porque _____.
c. Tenho medo de _____
   por causa de _____.
d. Sinto aversão de _____
   por fazer _____.
e. Sinto alegria por _____
   e quero compartilhar com _____.
f. Estou empolgado(a) com _____
   e quero compartilhar com _____.
g. Estou ansioso(a) com _____
   porque _____.
h. Sinto vergonha de _____
   porque _____.
i. Sinto-me culpado(a) por _____
   porque _____.

Depois que preencherem tudo e você analisar suas respostas, não debata. Não refute. Não tente corrigir suas opiniões. Lembre-se: seu trabalho é manter a curiosidade, não criticar os argumentos alheios; se estiver inclinado a discutir, não o faça. Em vez disso, pergunte *por que* se sentem dessa forma, ou *por que* confiam na fonte em que confiam, ou *por que* fazem o que fazem. Lembre-se do que a Dra. Jenny Susser disse: fazer perguntas ajuda o sangue a subir até o cérebro, para que fiquemos curiosos. Mesmo que eu perceba que talvez você não fique empolgado demais ao falar sobre por que alguém deveria adquirir um fundo de investimento em vez de outro, certos tópicos acionarão emoções em ambos os hemisférios.

PERSUASÃO EM TREINAMENTO

Então, agora você completou suas entrevistas. Você tem os dados. Se passou com louvor, vá em frente e comece. Se não passou, tudo bem. Esta é uma parte fundamental do processo. Se fosse fácil, todo mundo persuadiria outras pessoas sobre várias coisas o tempo todo e sem esforço. Volte e altere seu Plano de Persuasão. Atualize suas histórias. Encontre os pontos de argumentação corretos e dê uma outra olhada aprofundada neles.

Para uns, isso virá naturalmente; para outros, exigirá um pouco de prática. Mas não desanime. Empatia e persuasão são como um músculo difícil de treinar. Será incômodo exercitá-lo no início e doerá ao longo do processo. Mas você aprenderá, e, quando acontecer, será algo natural.

JÁ CHEGAMOS?

Acontece quase todo mês — um cliente volta e nos diz: "Precisamos atualizar nossa mensagem", e temos que dizer a ele: "Não precisam, não."

Em geral, eles pensam que é hora de uma atualização por um destes dois motivos: as coisas não mudaram tão rápido quanto esperavam ou, o que é mais comum, estão entediados. Mas sempre dizemos: "Se não estão morrendo de tédio com a mensagem, ela sequer começou a penetrar."

Em 2009, a Tropicana contratou a agora extinta Arnell Group, uma consultora de reformulação de marca, para remodelar sua marca. A Tropicana gastou US$35 milhões para reprojetar e promover suas embalagens novas, e foi um desastre. As novas embalagens pareciam genéricas, o que fez as pessoas pensarem que a Tropicana havia sido retirada das prateleiras e, o que é pior, suspeitaram dos conteúdos. O tiro saiu totalmente pela culatra. O que o pessoal da marca não entendia era que seus clientes já *tinham* um relacionamento sólido com a Tropicana, conforme representado

PERSUASÃO

pela embalagem da empresa. A embalagem "antiga" era um sinal indicativo nas lojas, que servia para ajudar os fregueses a localizar com facilidade o produto em que confiavam. Seus clientes fiéis já tinham o que queriam. Não era hora de fazer mudanças.

Mudar com muita frequência não dá uma chance de a mensagem penetrar ou se difundir. O valor da repetição é que a mensagem não é dita apenas para que as pessoas ouçam, mas para que a repitam por você. Estudos demonstram que a pessoa que está tentando persuadir precisa ouvir sua mensagem de três a cinco vezes antes que isso aconteça. Precisam ouvir sua narrativa-mestra o suficiente para que ela atravesse suas sinapses.

Sabemos como fazer isso na vida real. Quando queremos que alguém se lembre de alguma coisa, nós a repetimos várias e várias vezes, independentemente de estarmos gostando disso ou não. "Não se esqueça de trancar a porta depois que sairmos." "Tome o remédio com o estômago cheio." "Nada de Instagram até acabar a lição de casa." Como Trump, deixamos as instruções simples, claras e memoráveis, e as repetimos muito. Divulgar a linguagem da marca não é nem um pouco diferente.

O perigo de mudar cedo demais uma mensagem é a quebra de confiança. Como Moshe Bar diz em seu livro *Predictions in the Brain* ["Previsões no Cérebro", em tradução livre], confiança tem a ver com fácil previsibilidade. Quebrar a confiança é fracassar em atender às expectativas que você configurou no pensamento das pessoas. Imagine seu cônjuge fazendo um corte de cabelo drástico ou comprando um carro esportivo sem consultar você. Fica a pergunta: *Espere, quem é você? Pensei que o(a) conhecia, mas agora não tenho tanta certeza.* Se a persuasão depende de fazer seu público acreditar em você, certifique-se de não estar jogando fora o que já conquistou. Se você se torna (ou torna sua marca) mais imprevisível, faz com que seja menos provável que a escolham.

Fazemos anualmente uma pesquisa de envolvimento dos funcionários e dois anos atrás recebemos um feedback com uma pontuação bem alta em tudo, exceto em "a gerência compartilha informações em tempo hábil". Como resposta, poderíamos ter apenas começado a compartilhar informações com mais frequência, o que fizemos. Mas essa atitude em si não teria mudado a percepção. Precisávamos passar uma mensagem de que tínhamos *aprendido* com o feedback. Tínhamos que avisar a equipe que nós a ouvimos e estávamos comprometidos a fazer melhor. Então, Michael decidiu que, em toda reunião de equipe nas manhãs de segunda-feira, haveria um segmento "informação em tempo hábil". Em vez de dizer "Isto é o que acontecerá nesta semana", ele diria: "Segue a informação em tempo hábil." Ele repetiu isso várias e várias vezes, e o resultado falou por si mesmo. Em um ano, saímos da pontuação mínima naquele quesito para a máxima. Usando a linguagem repetidamente, você faz o público se sentir ouvido e a mudança acontece.

QUANDO VOCÊ PRECISA MUDAR

Nesta seção, vou abordar os três motivos por que as pessoas às vezes precisam, sim, mudar suas narrativas-mestras: surge uma contradição repentina, a linguagem evolui ou o mercado fica saturado demais e a narrativa parece insossa.

O motivo mais comum é que um novo campo minado linguístico ou alerta de contradição se revela. Pode ser que, no momento em que desenvolve seu Plano de Persuasão, certas coisas sejam verdadeiras, mas depois elas mudem. Por exemplo, você é uma empresa petrolífera que manteve seus registros ambientais, e então um tanque falha e há um vazamento. Ou fabrica próteses de quadris e tem um bom histórico de segurança, mas de uma hora para outra um delator espalha que você faz aparelhos com defeito. Se de repente há contradições em sua capacidade de cumprir a narrativa, ela tem que mudar.

Outras vezes, o sentido das palavras muda com o tempo. Por exemplo, temos um produto chamado Wire Tap [Grampo Telefônico]. É uma ferramenta de mineração em mídias sociais que usamos para ouvir conversas e buscar padrões linguísticos. Quando o batizamos de Wire Tap, o nome era ousado, de um jeito divertido. Agora, ele soa bem desagradável e precisa ser repensado.

Por fim, há os mercados que saturam. Anos atrás, trabalhamos com um cliente de serviços de crédito que queria se diferenciar em termos de praticidade. Falamos sobre o fato de eles terem uma filial em cada esquina. Porém, quando os serviços bancários para celular foram inventados, o número de filiais se tornou menos relevante. Logo, a mensagem que mais ressoou foi: "Banco a qualquer hora, em qualquer lugar." Depois, três outros concorrentes entraram na dança e usaram exatamente a mesma mensagem: a qualquer hora, em qualquer lugar. Então, após trabalhá-la com o banco e testá-la de novo, identificamos um jeito diferente e particular de falar sobre praticidade: "A sua agenda bancária, não a nossa."

Mudamos a narrativa-mestra porque eles queriam ter um espaço exclusivo, já que "a qualquer hora, em qualquer lugar" acabou não sendo diferenciado o bastante e começou, inclusive, a parecer o oposto disso. Tipo, quando quiser, onde quiser. Isso não fazia os clientes se sentirem no controle.

Quando você faz um bom trabalho, ficará saturado em seu setor. Às vezes, não há problema. Porque, se está tentando persuadir pessoas a legalizar o casamento gay e todo mundo começa a usar sua linguagem, você não vai querer mudá-la, pois era esse o objetivo. Porém, se está tentando vender um cartão de crédito e todo mundo no setor está usando sua linguagem, isso é ruim, pois você quer ser diferenciado e exclusivo.

Em seu cerne, a história não tem que ressoar conosco, e sim com seu público-alvo, portanto, até que nós a pratiquemos, testemos e nos mantenhamos curiosos sobre como as pessoas reagem a ela, nunca podemos ter 100% de certeza de que vai funcionar. Você não pode pular este passo. Ele é tão importante quanto tudo o que fez até agora para juntar todas as peças. A persuasão é um músculo. Trabalhá-la exige disciplina, prática e repetição. Mas continue. Valerá a pena quando você chegar ao outro lado.

10

O GRANDE TESTE: PERSUASÃO EM CRISE

Nunca desperdice uma boa crise.

−WINSTON CHURCHILL

Às vezes, apesar das melhores intenções, as coisas dão errado. O produto que você está persuadindo as pessoas a comprar tem defeitos. O pessoal de sua empresa se comporta mal. Um ingrediente em que você confiava se revela prejudicial. Você pressiona Responder a Todos em um e-mail que sua sogra jamais deveria ter recebido. De repente, alguém macula sua marca, estão na sua cola e você queria que a Olivia Pope estivesse em sua lista de favoritos.

Quando estourou nacionalmente uma notícia sobre um produto que está literalmente explodindo, saiba que, muito provavelmente, nas últimas 24 horas, meu telefone tocou. Corrigir histórico e consertar reputações são uma especialidade básica nossa. Afastamos muitas marcas da beira do precipício em crises que, naquele instante, pareciam fatais.

SEU PRIMEIRO IMPULSO GERALMENTE É O ERRADO

O primeiro passo crucial? Antes de reagir, você precisa parar e pensar. Sempre digo a meus clientes: se você reagindo, não está agindo. Responder com sucesso a essas situações exige calma. Um processo de organização do pensamento exige perspectiva externa. Isso significa, necessariamente, que você não pode estar em um estado de medo com adrenalina, chamado, com razão, de "lutar, fugir ou paralisar". A adrenalina faz você optar por um dos três, e nenhum deles é a resposta certa.

Quando entro pela porta da central de comando, alguém na sala invariavelmente está sugerindo: "Negar, negar, negar." A *pior* coisa de todas que alguém que enfrenta uma crise pode fazer é negar e ficar na defensiva. Isso porque uma postura defensiva sempre repele. Pense em como esses tipos de resposta funcionam na sua vida pessoal. Pense em uma ocasião na qual percebeu que foi enganado. Se seu amigo ou parceiro respondeu com "Não, eu não fiz isso", ou "Fiz, mas não é grande coisa", ou, pior ainda, "Fiz, mas olhe para todas as outras coisas maravilhosas que eu faço", há chances de você ter ficado *mais nervoso* do que estava no começo. Nenhuma dessas estratégias é vencedora, e, mesmo assim, vejo meus clientes querendo usá-las o tempo todo. O problema de todas essas respostas é o mesmo: elas são verdadeiras para o ofensor, mas não para o ofendido. Nenhuma delas leva em conta os sentimentos ou valores que foram traídos. Sem isso, não importa o que você faça, não ganhará força.

Primeiro, ouvir "Não, eu não fiz" é um insulto descarado para seu público. Nunca, jamais finja que um problema não está acontecendo, mesmo que na verdade não haja problema algum. Se seu público acredita que existe um problema, então existe.

Em 2010, a Pampers apresentou uma nova linha de fraldas chamada Dry Max que, teoricamente, eram mais finas e duas vezes mais absorventes. Alguns bebês tiveram a primeira assadura após o uso do novo produto. Os pais, é claro, associaram a assadura ao que havia mudado — a fralda. Então, postaram fotos das assaduras, e elas viralizaram porque algumas se pareciam com queimaduras químicas. A primeira resposta da gerência foi que aquilo não poderia ser culpa deles, porque haviam testado 4 milhões de fraldas com incidência nula de assaduras. Eles pensaram que poderia ser alguma outra coisa que os clientes estavam fazendo ou usando. Os pais, temendo pela saúde de seus bebês, quiseram saber quem era o responsável. Nesse contexto, ficar na defensiva serviu apenas para reforçar as suspeitas dos pais.

Pode ser tentador dizer: "Não, isso não aconteceu" ou "Foi um funcionário [ou setor] desonesto", mas imagine ouvir isso de sua babá quando você chega em casa e descobre que seu filho pintou as cortinas. Não, ela não pintou diretamente as cortinas, mas você precisará ouvir mais que um "Não fui eu" da parte dela. Como clientes, esperamos que o alto escalão da corporação se responsabilize pelo comportamento e escolhas de todos que estão abaixo dele, sejam analistas de crédito, fabricantes de burritos ou comissários de bordo.

Agora, imagine uma resposta diferente para as acusações contra a Pampers. E se a P&G tivesse dito: "Ver um bebê sofrer uma assadura é difícil e inquietante não somente para o bebê, mas também para os pais. Nosso trabalho é ter certeza de que nossos produtos são seguros para usar em seus bebês e em nossos bebês também. É por isso que testamos milhões de fraldas, a fim de assegurar que nossos componentes deem aos bebês a proteção que você espera de uma fralda, sem causar assaduras ou irritação." Isso atinge o equilíbrio certo de reconhecer a verdade do cliente e, ao mesmo tempo, abordar a própria realidade.

No dia 20 de abril de 2010, o maior vazamento de óleo no mar da história da indústria petrolífera começou no Golfo do México. Estimou-se que mais de 4,9 milhões de litros foram despejados no

PERSUASÃO

Golfo. Foram necessários quase 5 meses para conter o estrago. No início, o comunicado da BP sobre o vazamento saiu pela culatra. Eles foram arrogantes e ficaram na defensiva. No começo da crise, o CEO disse que a quantidade de óleo que vazou era "relativamente pequena em um oceano tão grande". E, como se não fosse ruim o bastante, no dia 30 de maio, seus comunicados estavam mais magoando as pessoas do que ajudando-as. Sabe-se que o CEO, em dado momento, disse à imprensa: "Lamento. Lamentamos pelo enorme dano que isso causou em suas vidas. Não há ninguém que queira que isso acabe mais do que eu. Gostaria de minha vida de volta." Credo. Em resposta, o presidente Obama disse em uma entrevista: "Se ele estivesse trabalhando para mim, eu o demitiria."

As abordagens "Não é grande coisa" e "Está doendo em mim tanto quanto em você" foram um insulto a todos nós que nos preocupamos com a vida selvagem e a situação material das pessoas afetadas. A realidade é que ninguém se importava com a vida do CEO. E certamente ninguém engoliu essa de "pequena quantidade de óleo". Eles queriam que a situação fosse resolvida e que a empresa assumisse o erro. Queriam ter certeza de que aquilo nunca, jamais, aconteceria de novo.

Então, em junho, a BP lançou um anúncio de campanha em que o CEO pedia desculpas. O pedido foi recebido com ceticismo e críticas. Enquanto algumas pessoas gostaram das desculpas, a maioria sentiu que elas eram inautênticas, encenadas, e um truque de RP. Elas precisavam ver mais do que apenas uma mensagem isolada da parte dele. Havia gente querendo saber das pessoas do local e ver ações que estivessem solucionando o dano, além de um compromisso mais amplo em fazer isso da maneira correta — tudo o que ensinamos a nossos clientes.

Com o tempo, ficou claro que a BP captara a mensagem. Se você for no canal da empresa no YouTube, encontrará mais de cem anúncios que lançaram em três anos. Eles aprenderam o que frequentemente dizemos a nossos clientes — você não pode pedir desculpas só uma vez. Não pode apenas divulgar uma mensagem algumas vezes e esperar que ela termine. É preciso repeti-la até ficar enjoado. Em vez de focar os executivos, a BP focou os trabalhadores. Em vez de ficar na defensiva e ser arrogante, mostrou o que estava fazendo para consertar o impacto. E, em vez de tentar mostrar que estava tudo bem e resolvido, falou sobre o compromisso em longo prazo. E, mesmo que alguns ainda critiquem os anúncios, não se pode criticar o impacto deles.

Por último, a tática "Fiz, mas olhe para todas as outras coisas maravilhosas que eu faço" nunca funciona porque é simplesmente irrelevante. Não funciona em casa quando seu parceiro se esquece de lavar a louça, e definitivamente não funciona com marcas. Quando trabalhávamos com uma organização que estava enviando uma quantia significativa de dinheiro para a África a fim de ajudar a erradicar a AIDS mesmo ainda havendo problemas nos Estados Unidos, as pessoas se incomodaram. Ouvimos clientes dizerem: "Alto lá, eles têm problemas financeiros bem aqui nos Estados Unidos e estão gastando dinheiro com HIV na África? O que estão tentando fazer? É como uma indulgência papal. Você não pode comprar um caminho para uma reputação melhor." Tudo o que queriam ouvir era o que eles estavam fazendo para obter sua estabilidade financeira no próprio país.

O SEGUNDO IMPULSO IGUALMENTE INÚTIL

O segundo impulso equivocado da maioria das pessoas é se esconder por trás de uma lista de fatos e tentar corrigir o histórico. Todos nós já fizemos isso. Quando o acusam de ter esquecido de pegar o leite, você lista todas as coisas que *pegou* no mercado. Quando a apresentação de seu cliente cai por terra, você lista todos os acordos que fechou. Quando o evento beneficente não atinge a meta, você lista todos os outros geradores de renda que liderou. O problema é que, mesmo que tudo isso seja verdade, nada dialoga direto com a questão atual. Vemos isso o tempo todo em minha companhia. E, por conta disso, dizemos que "os fatos não libertarão você".

Portanto, quando tiver um desses dois impulsos — rejeitar a alegação por completo ou se ater somente aos fatos ao dar a resposta —, não faça nada. Porque seguir uma dessas táticas é tornar a resposta sobre *nós*, não sobre *eles*. E esse erro é fatal.

Estou prestes a guiá-lo pelo que deve fazer em vez disso, e que dialogará diretamente com seu público e o persuadirá a confiar novamente em você.

AVALIE OBJETIVAMENTE O PROBLEMA A PARTIR DA PERSPECTIVA *DELES*, NÃO DA SUA

Para começar, volte à curiosidade para se acalmar, o mesmo que fez quando estava conhecendo seu público-alvo. Depois que estiver calmo, você precisa retornar à empatia. Descobri que uma dica que ajuda meus clientes quando parece que tudo está em risco é fingir que a situação está acontecendo com outra pessoa; aí, eles conseguem se manter o mais objetivos possível e começar a fazer perguntas. A abordagem da maslansky em relação à resposta às crises tem como base dados de mais de 20 anos de mensagens testadas e ciência comportamental. Michael Maslansky transformou a resposta às crises em ciência. Mas, trocando em miúdos, tudo se resume a três setores principais que você precisa abordar. O primeiro é:

1. **Qual é o impacto?**

    A primeira pergunta que precisa ser feita é quanto o impacto da crise é pessoal ou direto. Dessa forma, você compreenderá o nível de empatia que sua mensagem deve expressar. Quanto mais pessoal a crise, mais empática a mensagem precisa ser.

Isso remete à hierarquia das necessidades de Maslow, que discutimos no Capítulo 2. As violações mais pessoais dizem respeito à integridade física: freios que falham, próteses de quadris defeituosas, surtos de E. coli. Estas são violações que clientes acreditam que poderiam acontecer pessoalmente com eles, então devem ser resolvidas com rapidez e determinação.

Ligeiramente menos pessoais são as questões que impactam a comunidade de seus clientes — execuções imobiliárias, uma violação de segurança em uma agência bancária local. Se consegue ver a si mesmo no problema ou se imaginar impactado por ele, você precisa abordar isso no mesmo nível.

Menos pessoais são as violações que impactam pessoas que seu cliente nunca conhecerá, problemas que perturbam, mas que, ainda assim, são meio abstratos para ele — uma decisão ruim que custa à empresa muito dinheiro, uma fábrica distante que não paga o suficiente aos funcionários. Estas questões ainda podem exigir uma resposta, mas, por serem menos pessoais a seu público, exigem menos empatia.

2. **Por que seus stakeholders estão criticando você?**

Como apontei no exemplo da Pampers, quando clientes são prejudicados, procuram alguém para culpar. Eles pensam em outras situações em que pessoas foram prejudicadas da mesma maneira e rapidamente culpam alguém pela própria situação. Sem nem sequer pensar, eles acessam uma série de crenças sobre grandes empresas, seu setor, companhia ou filiação política. Por exemplo, quando consumidores são prejudicados por um produto, com frequência e instintivamente afirmam que a empresa põe os lucros acima da segurança. Ou, quando um consumidor é prejudicado por uma organização importante, presume que empresas grandes abusam do poder.

Após observar centenas de crises, descobrimos que existem quatro categorias distintas de narrativas negativas: você não se importa; está sendo desonesto; está abusando do poder; ou está piorando as coisas.

Ao enfrentar uma crise, é crucial entender quais narrativas estão envolvidas. Por que as pessoas estão criticando? Se a crítica subjacente a você tem a ver com desonestidade, então é preciso se concentrar em demonstrar que não está escondendo nada nem tentando evitar dar informações. Se a crítica é que você não se importa com os clientes ou com o meio ambiente, então é preciso moldar a resposta dentro desse contexto. No ambiente atual, um problema que parece pequeno para você pode parecer grande para seu público. Isso porque ele está relacionando suas ações a essas narrativas maiores e aos piores exemplos de atitudes similares que viram no passado. Ao enxergar o problema pela ótica do público, é possível elaborar uma resposta que solucione as preocupações que ele tem, em vez de parecer que você não percebeu.

3. **Quais atitudes você está tomando para enfrentar a crise?**

Quando seu voo é cancelado ou sua encomenda não chega a tempo e você telefona para o serviço de atendimento ao consumidor, o que quer? Bem, obviamente quer que eles façam o problema desaparecer. Quando isso não é possível, provavelmente você quer saber que a empresa está tomando alguma atitude para resolver a questão. Se a empresa pede desculpas, mas diz que não pode fazer nada para ajudá-lo, como você se sente? Nada bem, provavelmente.

Conclusão: quando coisas ruins acontecem, queremos saber que os responsáveis farão algo a respeito. Queremos atitude. Como diz Maslansky: "Mostrar é sempre melhor que falar."

Para a BP, o que *realmente* funcionou para reaver a própria reputação e a confiança do consumidor foi ir a Louisiana e dizer em público: "Nós causamos isso e estamos destinando dezenas de milhões para resolver, e não vamos sair até que cada gota de óleo seja retirada e a área, recuperada." Domine a situação e *depois* compartilhe como está resolvendo-a.

A AutoCo finalmente recuperou sua fatia de mercado quando disse: "Temos total compromisso com a segurança. É por isso que temos, em cada uma de nossas instalações, em cada uma de nossas fases, um responsável pela segurança." Talvez isso sempre tenha sido verdade, portanto não se trata necessariamente de tomar uma nova atitude, mas era preciso demonstrar que uma atitude que resolvia a questão estava sendo tomada.

Conforme discutimos no Capítulo 7, a Starbucks fechou durante uma tarde quando Howard Schultz retornou, para que todos os baristas pudessem aprender a fazer a xícara de café perfeita. "Nós ouvimos você, respeitamos sua preocupação e estamos tomando uma atitude perceptível para recuperar sua confiança" é muito mais eficaz do que apenas dizer: "Temos um compromisso renovado com a qualidade."

PERSUASÃO

Em sua resposta, às vezes será apropriado instituir algumas novas políticas e procedimentos que resultaram da questão. Outras vezes, você lançará uma nova série de iniciativas. E haverá momentos em que não fará nada novo, mas precisará falar sobre o que já está fazendo, a fim de mostrar seu foco e que compreende quais são as preocupações.

CONTINUE VIVENDO A HISTÓRIA

Recentemente, um conhecido oncologista veio até mim porque estava tendo uma crise de RP. Ele tinha sido acusado, sem fundamento algum, de erro médico, e um jornal importante publicou um artigo sobre a história antes que meu cliente fosse inocentado de todas as acusações. Ele não queria ter de se rebaixar a abordar absurdos, então os ignorou — até a frequência em seu consultório cair pela metade. O artigo era a primeira coisa que aparecia nas pesquisas do Google, e ele não havia feito nada para refutá-lo.

Voltando ao início do capítulo, seu primeiro impulso foi falar sobre o volume de pacientes, de suas taxas de sucesso. Ele pensou que o que estava em jogo era sua reputação, mas o encorajei a olhar para si mesmo a partir da perspectiva dos pacientes, que confiavam a própria vida a ele. Era isso que estava em jogo.

Então, o que reconstruiria a confiança? Pessoas contando histórias sobre o que ganharam ao serem tratadas por ele. "Na mesma noite, eu estava andando." "Não tive nenhum efeito colateral da cirurgia."

Perguntei-lhe quais atitudes ele poderia tomar. Poderia fazer cirurgias pro bono? Presidir angariações de fundos? Patrocinar estudantes de medicina estrangeiros?

Ele aparecia com frequência na TV, então o aconselhei para que em toda entrevista que desse — mesmo sobre questões não relacionadas, como a Lei de Proteção e Cuidado Acessível ao Paciente —

O GRANDE TESTE: PERSUASÃO EM CRISE

sempre trouxesse à tona a mensagem: "O trabalho de minha vida é assegurar que ninguém morra deste câncer." Repetir a mensagem pode ser desconfortável, pode ficar chato, mas, até que o negócio recuperasse os índices anteriores ao processo judicial, ele tinha que manter o plano, colocando a experiência, os valores e a perspectiva das pessoas que estava tentando persuadir antes de seus próprios.

A conclusão é que o consumidor, e não a marca, é quem decide quando é hora de prosseguir. O mesmo vale para o cidadão e o funcionário público. É como o cônjuge que trai. Quem está traindo não pode dizer: "Estou cansado de pedir desculpas." Pense em companhias que se envolveram em crises recentes — uma companhia petrolífera após um vazamento, uma instituição financeira após relatórios de fraude, uma rede de produtos alimentícios após um surto de E. coli. Essas empresas precisam pedir desculpas a seus clientes publicamente e com frequência.

Estimulamos clientes a publicar anúncios com pedidos de desculpas, a enviar e-mails com pedidos de desculpas; se possível, a ligar para cada consumidor afetado e pedir desculpas. A desculpar-se em um banner do site da empresa. Tudo isso é o primeiro passo para readquirir a confiança dos consumidores.

No entanto, assim como as pessoas, geralmente as empresas se cansam de pedir desculpas. Porque, naturalmente, quem tinha que se desculpar já foi demitido e foram implementadas políticas e procedimentos para assegurar que nada do tipo aconteça de novo. Assim, as pessoas que ficam para se desculpar, na verdade, não têm nada pelo que pedir desculpas e estão cansadas disso. Elas estão prontas para virar a página. No entanto, os clientes não estão. Para que a mensagem seja lembrada, ela precisa ser repetida. Isso significa que a empresa precisa incorporar profundamente a mensagem a cada interação e durante um bom tempo.

UM EXEMPLO DE ERRO

Em 2016, o departamento de transportes de Londres decidiu não renovar a licença da Uber, o que causou uma queda vertiginosa na avaliação da empresa em níveis mundiais e ameaçou sua solvência. Foi bem na época em que se apontou um novo CEO, e ele fez uma coisa que desarmou o pessoal. Ele pediu desculpas. O pedido de desculpas de Dara Khosrowshahi à população londrina foi uma mudança de tom revigorante para uma empresa que, no passado, não recuava um centímetro na defesa de suas estratégias agressivas de crescimento. Porém, ao mesmo tempo em que o comunicado foi um passo na direção correta, mostrou que a empresa ainda tinha muito trabalho a fazer. Segue abaixo esse pedido de desculpas destrinchado, com a análise da maslansky e nossas recomendações em relação ao que eles deveriam ter dito.

A Resposta	Análise	O que a Resposta Dinâmica Recomenda
"Queremos agradecer a todos os usuários da Uber pelo apoio nos últimos dias... Enquanto a Uber revolucionou a maneira como as pessoas se locomovem nas cidades, também é verdade que cometemos erros ao longo do caminho."	Isso deveria ser um pedido de desculpas, não uma conversa de vendedor. Essa linguagem autocomplacente tira o crédito da sinceridade do pedido e soa dissimulada.	**Reconheça a perspectiva de seu público:** "Ao mesmo tempo em que a Uber fez muita coisa para potencializar a mobilidade da população nas cidades, também cometemos muitos erros ao longo do caminho."
"Em nome de toda a Uber, no mundo inteiro, peço desculpas pelos erros que cometemos."	Um pedido de desculpas direto em que as pessoas percebem que você errou é a atitude correta.	**Pedido de desculpas:** Sem mudanças necessárias.

O GRANDE TESTE: PERSUASÃO EM CRISE

A Resposta	Análise	O que a Resposta Dinâmica Recomenda
"Recorreremos desta decisão, mas cientes de que também precisamos mudar. Não seremos perfeitos, mas ouviremos vocês, procuraremos parcerias de longo prazo com as cidades a que atendemos e gerenciaremos nosso negócio com humildade, integridade e paixão."	As atitudes não se relacionam diretamente com a crítica. Ainda nos perguntamos: "Como?" A falta de ações concretas fará poucas coisas para resolver a narrativa negativa sobre a Uber colocar os próprios interesses em primeiro lugar.	**Citar atitudes que se alinhem com a má conduta percebida:** "Notadamente, cometemos um erro por não nos esforçarmos mais para estabelecer um diálogo aberto com a cidade e a TfL [Transport for London] sobre como levamos a sério a segurança dos clientes. Minha principal prioridade é resolver a situação e amanhã pegarei um avião para Londres a fim de falar com a TfL e o prefeito.
		"Busco mostrar a vocês como estamos reforçando nossas normas de segurança para garantir que isso não aconteça novamente."
"Em Londres, já começamos a fazer mais para contribuir com a cidade. Veículos para cadeirantes estão rodando, e nossa Iniciativa Ar Limpo... Vocês têm minha palavra de que vamos trabalhar com Londres para fazer a coisa certa e manter essa bela cidade se movimentando com segurança."	Essas atitudes estão desconectadas do problema. Elas podem apoiar ações diretas em relação à segurança, mas estão proeminentes demais aqui.	**Dar margem a melhorias:** "Trabalharemos para reaver nossa licença, mas cientes de que precisamos acelerar mudanças para melhorar a segurança e fazer mais para contribuir com a cidade. Sabemos que muitos londrinos dependem da Uber. Vocês têm minha palavra de que trabalharemos com Londres para fazer a coisa certa e manter essa bela cidade se movimentando com segurança."

213

PERSUASÃO

APRENDENDO COM UM EXEMPLO

Não sei ao certo quantos de vocês se lembram da violação de dados da Marriott em 2018. Mas foi uma das maiores violações de dados de todos os tempos, que impactou mais de 500 milhões de clientes. Os dados em risco incluíram endereços de e-mail, endereços de correspondência, números telefônicos e de passaporte e informações criptografadas de cartões de crédito.

Na resposta inicial, a Marriott cometeu o mesmo erro que muitas empresas em crise cometem: tratou a situação como uma crise de fatos, em vez de uma crise de sentimentos. Listou o que sabia, o que não sabia e o que estava fazendo com detalhes precisos. O que não estava abordando eram as emoções dos clientes. E elas estavam exaltadas. Havia medo, havia quebra de confiança e havia ceticismo. A Marriott não conseguiria reaver a confiança do cliente e do investidor até lidar com isso. A seguir, uma análise do que ela poderia ter feito para começar a reconstruir a confiança.

Resposta Real da Marriott	O que a Marriott Deveria Ter Dito
Eles se distanciaram do problema usando a terceira pessoa e focando a Starwood.	Eles deveriam ter validado nossas preocupações e reconhecido a própria falha.
"A Marriott tomou medidas para investigar e resolver o incidente de segurança de dados envolvendo a base de dados da reserva de hóspedes Starwood." "A empresa descobriu recentemente que um grupo não autorizado copiou e criptografou informações, e tomou medidas para removê-lo."	"Ao usar nosso site, seus dados deveriam estar seguros. Mas, no dia 19 de novembro, descobrimos que a base de dados de reserva de hóspedes Starwood tinha sido violada por ataques datados de 2014. Vocês nos confiaram suas informações, e nós os decepcionamos."

O GRANDE TESTE: PERSUASÃO EM CRISE

Resposta Real da Marriott	O que a Marriott Deveria Ter Dito
Eles esconderam os detalhes importantes. "As informações também incluem números de cartões de crédito e suas datas de expiração, mas os números dos cartões foram criptografados usando o Padrão Avançado de Criptografia (AES-128)." "Durante a investigação, a Marriott soube que houve acessos não autorizados à rede Starwood desde 2014."	**Deveriam ter citado objetivos em comum.** "Sabemos que sua prioridade número um é saber como esse ataque pode tê-lo afetado. Dados [XYZ] foram tomados – incluindo informações criptografadas de cartões de crédito. Ainda não sabemos como o ataque ocorreu e se as chaves de criptografia também foram tomadas. Iniciamos uma investigação completa para descobrir, mas no momento estamos fazendo tudo o que podemos para resolver isso..."
Eles descreveram as medidas tomadas, mas pararam antes de nos tranquilizar. "Criamos um site específico e um call center para responder as perguntas que você talvez tenha sobre o incidente."	**Deveriam usar as medidas tomadas para nos tranquilizar.** "Criamos um site específico e um call center *para que você obtenha respostas a toda e qualquer pergunta que tenha sobre o incidente.*"
"A Marriott está proporcionando aos hóspedes a oportunidade de se inscreverem gratuitamente no WebWatcher por um ano."	"Estamos pagando a todo membro que queira se inscrever no serviço de cibersegurança WebWatcher *para ajudar a manter seguras as próprias informações.*" "E teremos transparência total sobre os resultados de nossa investigação *para que você saiba tudo o que estamos fazendo em relação ao que aconteceu e como impediremos que isso aconteça de novo.*"

PERSUASÃO

Resposta Real da Marriott	O que a Marriott Deveria Ter Dito
Eles retomaram seu objetivo. "Hoje, a Marriott está reafirmando o compromisso com nossos hóspedes ao redor do mundo."	Deveriam nos avisar que entendem a gravidade e nos dizer qual o próximo passo. "O fato de isso ter acontecido é inaceitável. E estamos prontos para fazer tudo o que pudermos para ter certeza de que não acontecerá de novo. Continuaremos a mantê-lo informado sobre o que ocorreu e o que isso representa para você à medida que tivermos mais informações."

Esta situação destaca um conflito central para empresas que estão decidindo o que fazer em meio a uma crise. É fácil cair em explicações e justificativas, mas elas não são eficientes.

Seguir essa estrutura e processo ajudará você a lidar com a crise da maneira adequada.

CONCLUSÃO

Tenho sido questionada várias e várias vezes se é possível persuadir quando os fatos não importam. Sempre respondo sem hesitar: com certeza. Se você percorrer esses passos, conseguirá mudar corações e mentes. A coisa mais importante que posso compartilhar com você é esta: deixe suas emoções e perspectivas *fora* disso e traga para *dentro* as emoções de seu público. No mundo pós-fatos, tribal e identitário em que vivemos, persuasão é algo raro. Interagir com pessoas de opiniões diferentes está se tornando ainda mais raro. Então, quando se estabelece uma conexão realmente significativa, ela causará um impacto. Será renovadora e funcionará.

Reserve um tempo para sair de sua zona de conforto e poderá mudar algumas ideias — e, quem sabe, até o mundo — no processo.

APÊNDICE

Exercícios do Plano de Persuasão

PASSO I. DEIXANDO SEU OBJETIVO CLARO

1. Qual é seu objetivo?
   _____
   _____
   _____

2. Se for bem-sucedido, o que deseja que as pessoas façam ou no que quer que elas acreditem como resultado de seus esforços?
   _____
   _____
   _____

3. Quem você está tentando persuadir? Quem é seu público-alvo?
   _____
   _____
   _____

Crença atual de seu público-alvo:
↳ Crença ou atitude desejada de seu público-alvo:

APÊNDICE

SUA LINHA DE CONDUTA

Seja claro. Seja ousado. Seja específico.

APÊNDICE

O QUE GOSTARIA DE DIZER?

Fluxo de consciência. Não filtre. Não pense.
Só o que realmente deseja dizer.

APÊNDICE

PASSO II. ELES

EMPATIA ATIVA NA PRÁTICA

Entreviste pessoas de seu público-alvo. Faça o papel do repórter curioso. Caso se pegue tirando conclusões ou ficando emotivo, desacelere. Faça perguntas. Lembre-se: não dá para ser curioso e emotivo ao mesmo tempo.

Perguntas Empáticas com Base em Valores

- Cuidado/dano: Qual pessoa, grupo ou empresa relacionada ao tópico você acha que errou? Por que acha que ele fez o que fez? Por que isso é importante para você?
- Equidade/trapaça: Você acha que uma pessoa, grupo ou empresa recebeu tratamento injusto? Quem foi tratado assim? Por que acha que ele fez o que fez? E por que isso é importante para você? Você acha que um grupo foi tratado de maneira diferente em relação a outro?
- Lealdade/traição: Você acha que as atitudes de uma pessoa, grupo ou empresa foram leais a seus líderes? Você acha que demonstraram falta de lealdade? Por que isso é importante para você?
- Autoridade/subversão: Uma pessoa, grupo ou empresa demonstrou falta de respeito pela autoridade? Falhou ao agir de um modo que depois causou dano ou confusão? Quem agiu assim e por quê? Por que isso é importante para você?

APÊNDICE

- Pureza/degradação: Você acha que alguém violou padrões de decoro ou fez algo compreendido como "nojento"? Quem? Por que você acha que ele fez isso? Por que é importante para você?
- Liberdade/opressão: Você acha que alguém teve os próprios direitos negados? Quem? Por que acha isso aconteceu? Por que isso é importante para você?

Perguntas Empáticas com Base em Comportamento

- Qual é a sua opinião atual sobre o tema/produto/serviço?
- Qual é sua experiência com o tema/produto/serviço?
- Onde você soube disso?
- No passado, com quem conversou sobre este tema/produto/serviço?
- Em geral, quem influencia você?
- Onde busca suas informações?
- Como este tema/produto/serviço impacta sua vida diária?
- O que é importante para você em relação a este tema/produto/serviço?
- Você está aberto e receptivo a novas ideias? Por que ou por que não?
- Qual é o seu *porquê* em sua colocação?

Perguntas Empáticas com Base em Emoções

Finja que você é um repórter e está tentando fazer uma reportagem sobre como essa pessoa veio a ter os sentimentos que tem. Quais são os fatores raciais, de gênero e socioeconômicos que a influenciaram? Pense em todas as variáveis possíveis que poderiam se aplicar ao tópico — família de origem, infância, primeira experiência

APÊNDICE

boa ou ruim com o tópico. Isso se chama interseccionalidade, um jargão na terapia, mas é o ponto em que todas essas variáveis possíveis influenciaram seu público-alvo e fizeram com que se sentisse como se sente.

- Conte-me um pouco sobre por que se interessa por esse assunto.
- Conte-me por que defende a opinião que defende.
- Você pode me dizer mais a respeito?
- Quando você se sentiu assim pela primeira vez?

APÊNDICE

PASSO III. CONEXÃO

E UM POUQUINHO MAIS SOBRE SEU PÚBLICO-ALVO...

Liste todas as suas barreiras para acreditar no seu tema/produto/serviço.

APÊNDICE

Liste todas as coisas importantes para seu público-alvo sobre este tema, produto ou serviço.

APÊNDICE

Liste todas as coisas que você pode cumprir de maneira autêntica e confiável.

APÊNDICE

PILARES

Passo 1: Liste todos os pontos de argumentação que conseguir para sustentar seu ponto de vista.

_____
_____
_____
_____
_____
_____
_____
_____
_____
_____
_____
_____

Passo 2: Risque os que reforcem qualquer crença negativa que seu público-alvo tenha.

Passo 3: Circule qualquer um que se alinhe com o que é mais importante para seu público-alvo.

Passo 4: Classifique.

Passo 5: Ajuste a linguagem.

APÊNDICE

SEUS PILARES

Pilar Um:	Pilar Dois:	Pilar Três:
Pontos de argumentação 1. 2. 3.	Pontos de argumentação 1. 2. 3.	Pontos de argumentação 1. 2. 3.

APÊNDICE

NARRATIVA-MESTRA

PASSO 1: ESCREVA UMA FRASE RESUMINDO SEUS PILARES.

_____
_____
_____

PASSO 2: PERCORRA OS CINCO POR QUÊS.

1. Por que isso é importante para eles?

_____
_____

2. Por que isso é importante para eles?

_____
_____

3. Por que isso é importante para eles?

_____
_____

APÊNDICE

4. Por que isso é importante para eles?

_____
_____
_____

5. Por que isso é importante para eles?

_____
_____
_____

PASSO 3: COMPARE SUA FRASE COM SUAS TRÊS LISTAS E EMOÇÕES PRINCIPAIS

PASSO 4: TESTE-A COM OS QUATRO *PS*.

Plausível
Positiva
Pessoal
Prática

PASSO 5: REESCREVA SUA FRASE.

_____
_____
_____

APÊNDICE

PASSO IV. HISTÓRIA

HISTÓRIAS

1. Qual é a melhor anedota e a melhor história para ilustrar sua narrativa-mestra?

_____
_____
_____

2. Qual é a melhor anedota e a melhor história para ilustrar seu primeiro pilar?

_____
_____
_____

3. Qual é a melhor anedota e a melhor história para ilustrar seu segundo pilar?

_____
_____
_____

4. Qual é a melhor anedota e a melhor história para ilustrar seu terceiro pilar?

_____
_____
_____

APÊNDICE

PREENCHENDO SEU PLANO DE PERSUASÃO

Sua narrativa-mestra:		
História:		
Pilar Um: Pontos de argumentação 1. 2. 3. História:	Pilar Dois: Pontos de argumentação 1. 2. 3. História:	Pilar Três: Pontos de argumentação 1. 2. 3. História:

TORNANDO-A VISUAL

Agora, dê uma olhada no conjunto. A narrativa-mestra ou algum dos pilares se ajusta a alguma linguagem visual ou símbolos?

APÊNDICE

PASSO V. APROPRIAÇÃO

Sente-se com uma ou várias pessoas de seu público-alvo para praticar sua mensagem. Lembre-se de não julgar e permanecer curioso. Todas estas são informações que o ajudarão a fortalecer sua narrativa.

1. O que você ouviu?

Sem comentar nada, peça à pessoa que repita o que ela extraiu da mensagem.

_____
_____
_____

2. Por que essa mensagem é importante para você, se é que ela é?

Você quer saber se algo na mensagem é relevante para seu público-alvo.

_____
_____
_____

3. O que você fará de diferente, se fizer, como resultado desta mensagem? Argumentos realmente persuasivos causarão algum tipo de mudança de comportamento ou crenças.

_____
_____
_____

APÊNDICE

4. O que você aprendeu que não sabia antes?

_____
_____
_____

5. Há algumas palavras ou frases que lhe saltam aos olhos, no bom ou no mau sentido?

_____
_____
_____

6. Quais emoções você sente quando ouve esta mensagem?

_____
_____
_____

Anteriormente neste livro, falamos sobre o Triângulo da Mudança. É importante dar uma olhada para assegurar que você está acessando as principais emoções das pessoas. Portanto, faça com que verifiquem se qualquer uma das seguintes se aplica e que preencham as lacunas:

a. Estou com raiva de _____
   porque _____.
b. Eu me sinto triste com_____
   porque _____.
c. Tenho medo de _____
   por causa de_____

APÊNDICE

d. Sinto aversão de _____
   por fazer_____.

e. Sinto alegria por _____
   e quero compartilhar com_____.

f. Estou empolgado(a) com _____
   e quero compartilhar com_____.

g. Estou ansioso(a) com _____
   porque_____.

h. Sinto vergonha de _____
   porque_____.

i. Sinto-me culpado(a) por _____
   porque_____.

FONTES

Ariely, Dan. *Predictably Irrational: The Hidden Forces That Shape Our Decisions*, edição expandida e revisada. Nova York: Harper Perennial, 2010.

Bream, Cris. *I Feel You: The Surprising Power of Extreme Empathy*. Boston: Houghton Mifflin Harcourt, 2018.

Brown, Brené. *Rising Strong: How the Ability to Reset Transforms the Way We Live, Love, Parent, and Lead*. Nova York: Random House, 2017.

Christian, Brian e Tom Griffiths. *Algorithms to Live By: The Computer Science of Human Decisions*. Nova York: Picador, 2017.

Fosha, Diana. *The Transforming Power of Affect: A Model for Accelerated Change*. Nova York: Basic Books, 2000.

Glaser, Judith E. *Conversational Intelligence: How Great Leaders Build Trust and Get Extraordinary Results*. Nova York: Routledge, 2016.

Haidt, Jonathan. *The Righteous Mind: Why Good People Are Divided by Politics and Religion*. Nova York: Vintage Books, 2013.

Heinrichs, Jay. *Thank You for Arguing: What Aristotle, Lincoln, and Homer Simpson Can Teach Us About the Art of Persuasion*, 3rd ed. Nova York: Three Rivers Press, 2017.

Hendel, Hilary Jacobs. *It's Not Always Depression: Working the Change Triangle to Listen to the Body, Discover Core Emotions, and Connect to Your Authentic Self*. Nova York: Spiegel & Grau, 2018.

FONTES

Hetherington, Marc e Jonathan Weiler. *Prius or Pickup?: How the Answers to Four Simple Questions Explain America's Great Divide*. Boston: Houghton Mifflin Harcourt, 2018.

Kahneman, Daniel. *Thinking, Fast and Slow*. Nova York: Farrar, Straus and Giroux, 2013.

Lakoff, George. *The ALL NEW Don't Think of an Elephant! Know Your Values and Frame the Debate*, edição comemorativa de 10º aniversário. White River Junction, Hartford, VT: Chelsea Green Publishing, 2014.

McKee, Robert e Tom Gerace. *Storynomics: Story-Driven Marketing in the Post-Advertising World*. Nova York: Twelve, 2018.

Maslansky, Michael, Scott West, Gary DeMoss e David Saylor. *The Language of Trust: Selling Ideas in a World of Skeptics*. Nova York: Prentice Hall Press, 2011.

Miller, William R. e Stephen Rollnick. *Motivational Interviewing: Helping People Change*, 3ª ed. Nova York: Guilford Press, 2013.

Patterson, Kerry, Joseph Grenny, Ron McMillan e Al Switzler. *Crucial Conversations: Tools for Talking When Stakes Are High*, 2ª ed. Nova York: McGraw-Hill Education, 2011.

ÍNDICE

Símbolos
7-Eleven, 183
#ComoUmaGarota, 149

A
Abraham Maslow, 53-56
A Coragem de Ser Imperfeito (livro), 60
adrenalina, 202
Always, 149
ambições, 28
ameaças do ambiente, 66
A Mente Moralista (livro), 72
Apple, 44, 76
aquecimento global, 99
argumentação, 111
Ariel, 150
atitudes, 208-209
autenticidade, 11, 40-41, 51-52
autossabotagem, 30
aversão ao risco, 31

B
bancos, 41-43
Barack Obama, 5, 40, 104, 137
Barbie, 148-149
beleza real, 62-63
Brené Brown, 39, 60

C
calma, 68
carreira profissional, 20-21
ciência comportamental, 1-2
cinismo, 30
clareza, 161
compassividade, 68
comportamentos, 63, 81
  de manada, 44-46
comprometimento, 22, 66, 81
comunicação, 11
  de crise, 43
  estilo, 79
  intergrupal, 73
conduta pessoal, 35
conexão, 85, 216
confiança, 55, 68
consciência, 78
contradição, 38, 147
coragem, 31-34
cotidiano, 134-135
crescimento econômico, 140
crise de identidade empresarial, 26-27
crise financeira de 2008, 41, 43
crises, 206-210
curiosidade, 65-66, 68

D
dados, 9, 76
desconforto, 70
desenvolvimento pessoal, 67
diálogo com o cliente, 52
diligência, 30-31

ÍNDICE

direitos humanos, 86
disciplina, 65-66, 81
Donald Trump, 4-6, 137
   campanha eleitoral, 38-39
Dove, 62-63
Dylan Marron, 59-60

E

efeito backfire, 3
efeito câmara de eco, 89
eleições nos EUA, 4, 22
Emile Bruneau, 84
emoções, 63-64
   básicas, 67
   defesas, 68
   inibidoras, 67
   produtivas, 67-68
   público-alvo, 71
empatia, 9, 59-61
   ativa, 63-64, 81, 105
      comportamentos, 64
      emoções, 63
      valores, 63
   biologia, 64
   cognitiva, 65
   com base em comportamento, 77-78
      na prática, 78-81
   com base em valores, 74
      na prática, 75-77
   definição, 63-64
   emocional, 66-70
      na prática, 70-71
   funcionamento, 64-65
   mundo corporativo, 64-65
   perguntas relevantes, 66
escolhas profissionais, 22
escuta empática, 79
especificidade, 16-17
estratégia
   de resposta, 64
   teste, 192-197
estudo de caso
   indústria farmacêutica, 113-120
   montadora de veículos, 122-129
   seguros, 150-153
evidências, 11, 41

F

feedback, 46-49
   anônimo, 87
   grupos
      haters, 92-96
      opinião negativa, 89-91
      sem opinião, 88-89
   negativo, 84-85
foco, 24-25, 79, 81
Frank Luntz, 22

G

George W. Bush, 21
geração de empregos, 140

H

Hershey's, 179
hierarquia de necessidades de Maslow, 53-54
Hilary Jacobs Hendel, 66-67
Hillary Clinton, 4-5, 130, 137
histórias, 112
   contar, 4
   dimensionáveis, 181-183
   emocionais, 177-178
   identificáveis, 178-180
   vencedoras, 183-184
Howard Schultz, 161

ÍNDICE

I
impacto, 206-207
indústria farmacêutica, 17-19
inovação, 45-46
inspiração, 27-28
integração, 25-27
interseccionalidade, 222
intuição, 65
islamofobia, 92-96

J
Jenny Susser, 65-66, 78, 196
Johan Jørgen Holst, 85
Jonathan Haidt, 72
julgamento, 60, 63, 71, 192

L
limitações, 50-51
linguagem
　empresarial, 6
　estratégica, 26-27
　　componentes, 11
　persuasiva, 5
　valores, 99-100
　visual, 11, 157
L'Oréal, 183-184

M
manipulação, 10-11
marcas, 135-137
　reconstrução, 43
Marriott, 214-215
Mattel, 148-149
medo, 76
métrica interna, 35
Michael Maslansky, 74-75
Michelle Obama, 29
Microsoft, 54

mídias sociais, 10
missão, 71
mobilidade, 136
Moshe Bar, 198
motivação, 27-28
mudanças
　comportamentais, 149-150
　de abordagem, 199-200
mudanças climáticas, 33, 98-100

N
narrativa-mestra, 11, 110, 109-111
　cinco passos, 138-148
　cotidiano, 134-135
　marcas, 135-137
　política, 137
　pontos de argumentação,
　　112-113
　três pilares, 111-112
narrativas, 112
　negativas, 74-75
Nike, 149

O
objetivos, 28, 71
　desafios, 28-35
ódio na internet, 60
organismos geneticamente modificados (OGMs), 101-102

P
Pampers, 202
Pantene, 149
pensar grande, 40-41
persuasão
　agentes, 96
　arte, 5
　dia a dia, 8

ÍNDICE

diálogo, 11
estratégia, 23
premissa, 56
versus manipulação, 10-11
pessimismo, 30
planos de aposentadoria, 69-70
polêmicas, 101-102, 105
política, 9, 73-74, 137
pontos fracos, 49-52
popularidade, 17-19
previsibilidade, 198
prioridades, 52-55
público-alvo, 61-63, 123
 necessidades, 123
 obstáculos, 122

R
reagir por impulso, 202-206
recobrar a confiança, 47-48
referências, 86-88
relação positiva com o consumidor, 18
repulsa, 9
reputação, 42-43, 74-75
resolução de problemas
 mecanismo, 64
Richard Nixon, 1
Ronald Reagan, 137, 176
Ron Johnson, 166

S
símbolos, 161
 ações, 165
 como encontrar, 167-170
 diferenciação, 162
 recuperação, 163-165

sinceridade, 52
sociolinguística, 6
sonhos, 16-17
stakeholders, 207-208
Starbucks, 104, 161
storytelling, 11, 172-174
sucesso, 34-35
suposições, 71

T
teoria das fundações morais, 72-74
Tim Urmston, 64-65, 77
Triângulo da Mudança, 66-67
Twitter, 97

U
Uber, 212-213

V
vergonha, 39, 96-97
viés da confirmação, 2
Vigilantes do Peso, 105
violação de dados, 214
visão, 22-28
vulnerabilidade, 38-39, 55-56

W
Walmart, 165

Z
zona de conforto, 33, 105